DANS LA MÊME COLLECTION

Raphaël Buyse, *Il n'y a que les fous pour être sages*, 2022 (série « Les dons du Saint-Esprit », don de sagesse).

Blanche Streb, *Grâce à l'émerveillement*, 2023 (série « Les dons du Saint-Esprit », don de science).

Martin Steffens, *Dieu, après la peur*, 2023 (série « Les dons du Saint-Esprit », don de crainte de Dieu).

Jean-Marc Bot, *Espérer en funambules au-dessus de l'abîme*, 2023 (série « Les vertus », vertu d'espérance).

Guillaume de Menthière, *Ce pain qui donne vie*, 2024 (série « Les sacrements », sacrement de l'eucharistie).

À FORCE D'ÂME

DU MÊME AUTEUR

Mortelles évidences, Éditions Saint-Germain-des-Prés, Paris, 1987.

Histoires du mal en Occident, Éditions du Félin, Paris, 2004.

Le Tibet de la mémoire, Philippe Lebaud, 2001 ; rééd. Oxus, Escalquens, 2006.

Les quêtes chimériques, JC Lattès, Paris, 2006.

Fêtes de table, Philippe Lebaud, 1997 ; rééd. Oxus, Escalquens, 2007.

La Terre est une légende. La science devant l'imaginaire des hommes, Philippe Lebaud, 1999 ; rééd. Oxus, Escalquens, 2007.

Les recherches en sciences humaines et sociales dans les écoles d'ingénieurs (avec Joëlle Forest), Éditions Petra, Paris, 2007.

Histoire du bonheur, Philippe Lebaud, 2002 ; rééd. Oxus, Escalquens, 2007.

Norbert Wiener, le Golem et la cybernétique. Éléments de fantastique technologique, Éditions du Sandre, Paris, 2008.

Auguste et Louis Lumière, Folio-Gallimard, Paris, 2011.

La tentation de Faust ou la science dévoyée, L'Archipel, Paris, 2012.

Chaplin, Folio-Gallimard, Paris, 2012.

Mermoz, Folio-Gallimard, Paris, 2013.

Frankenstein, une biographie, L'Archipel, Paris, 2015.

Buffalo Bill, Folio-Gallimard, Paris, 2017.

Olympe de Gouges, Folio-Gallimard, Paris, 2018. Prix de l'essai de la ville de Saint-Maur, 2019.

Moi, j'étais fait pour être jardinier, Salvator, Paris, 2020.

Saint-Exupéry. La spiritualité au désert, Salvator, Paris, 2022.

Michel Faucheux

À force d'âme

SALVATOR

Yves Briend Éditeur, SA
103, rue Notre-Dame-des-Champs F-75006 Paris
www.editions-salvator.com
contact@editions-salvator.com

Maquette intérieure : Atlant'Communication
Couverture : Aliénor Atinault

ISBN : 978-2-7067-2741-2

Pour Danielle qui m'a appris la caresse de l'Ange
Pour Francesca, familière des étoiles

« Et pourtant, paresseusement, lâchement, nous avons laissé faire. Nous avons craint le heurt de la foule, les sarcasmes de nos amis, l'incompréhensif mépris de nos maîtres. Nous n'avons pas osé être, sur la place publique, la voix qui crie d'abord dans le désert, mais du moins, quel que soit le succès final, peut toujours se rendre la justice d'avoir crié sa foi. »

Marc BLOCH, *L'étrange défaite*, 1946

« Le déclin du courage est peut-être le trait le plus saillant de l'Ouest aujourd'hui. »

Alexandre SOLJENITSYNE,
Le déclin du courage, 1978

« Les âmes ! On rougit presque d'écrire aujourd'hui ce mot sacré. »

Georges BERNANOS,
La France contre les robots, 1947

Introduction

À force de

Une société pacifiée déteste la force. À juste raison, les Évangiles nous invitent à faire accueil aux faibles, à cultiver l'humilité et, par le sacrifice de soi, à dénoncer, comme le suggère l'exemple du Christ crucifié, l'écrasement des êtres, la violence exercée sur autrui, le mécanisme barbare du bouc émissaire dont René Girard a pu démontrer qu'il est au principe des sociétés humaines[1]. Le pauvre, le faible, portent en eux la vérité des Évangiles que nous devons entendre. Pensée superficiellement, la leçon des Évangiles semble s'accorder avec une civilisation d'individus qui, surfant sur les vérités, cultivant l'apparence de soi dans la vie et les réseaux sociaux, prônant les bons sentiments, n'ont plus d'identité forte, oublient ou réfutent leur propre histoire, se laissent entraîner dans un kaléidoscope d'apparences où ils se perdent eux-mêmes. Alors, la faiblesse confine au vide. Alors, on devine pourquoi la force, la *fortitudo* décrite par Thomas d'Aquin

1. René Girard, *La violence et le sacré*, Grasset, Paris, 1972.

dans la *Somme théologique*, est considérée comme l'une des quatre vertus cardinales nécessaire à la pratique des autres vertus : la prudence, la tempérance et la justice. Faire preuve de force, c'est, d'une part, attaquer, ce qui implique de préparer son âme en ayant confiance et de viser à la réalisation du grand et du beau et, d'autre part, supporter, persévérer, refuser d'abdiquer devant le mal[1].

Résistance

La force est vertu de résistance qui s'oppose à la désagrégation de soi et du monde par temps de destruction et de nihilisme. Lors de son audience générale du 10 avril 2024, le pape François a invité à vaincre nos peurs, à surmonter les épreuves de la vie et à combattre les désordres du monde en recourant à la force d'âme qui fait de nous des « marins résistants » par mer tempétueuse. « Un chrétien sans courage, qui ne plie pas ses propres forces au bien, qui ne dérange personne, est un chrétien inutile », a-t-il ajouté.

Tout intérieure, la force s'exprime en effet par le courage face à l'inacceptable et la mort, et se vit, le plus souvent, dans le silence, l'effacement et l'humilité. Elle est le ferment d'un héroïsme de l'ombre[2]

1. Cf. saint THOMAS D'AQUIN, *Somme théologique*, II-IIæ, q. 123-140.
2. J'utilise cette expression par référence à *L'armée des ombres*, titre du roman de Joseph Kessel (1943) et du film de Jean-Pierre Melville

qui, oscillant entre postulation de grandeur et silence de l'endurance, est la caractéristique même du christianisme. « Abaissez-vous et vous serez élevés[1] », écrit la philosophe Simone Weil.

Être « fort », c'est manifester une endurance qui permet de ne pas s'effondrer devant l'obstacle et de s'élever au-dessus de soi-même. C'est œuvrer « à force d'âme ». La *fortitudo* que l'on peut manifester dans l'existence oblige à un effort renouvelé, elle s'obtient « à force de » : à force d'endurance, de résistance à soi-même et au monde. Être fort, c'est ne pas flancher et aller à l'extrémité de ses forces, physiques et d'âme, à ce point où l'on touche à l'invisible qui mène aux approches de Dieu, où l'acte se suffit à lui-même et devient absolu. Voilà pourquoi, dans la force, le courage, il y a aussi de la grâce, « une volonté d'accompagner la grâce, de créer l'état de grâce en soi [...]. Ce qui sanctifie le courage, ce n'est pas la réussite de l'opération mais bel et bien qu'il y ait eu courage, intention courageuse[2] ».

Cela ne va pas sans moments de désespoir et de faiblesse qu'il s'agit « à force d'âme » de surmonter.

(1969). Livre et film racontent l'héroïsme et le destin tragique d'un réseau de résistance en France pendant la Seconde Guerre mondiale. Je lui donne aussi un sens chrétien. L'ombre dont se prévaut cet héroïsme n'est jamais d'abord que celle de Dieu : « La puissance du Très-Haut te prendra sous son ombre » (Lc 1, 35).

1. Simone Weil, *Cahiers VI, Œuvres*, Gallimard, coll. « Quarto », Paris, 1999, p. 841.

2. Cynthia Fleury, *La fin du courage*, Le Livre de Poche, Paris, 2021, p. 99.

Jésus, Fils de Dieu fait homme, mort sur la croix par amour de l'humanité, doute un instant : « Mon Dieu, mon Dieu, pourquoi m'as-tu abandonné[1] ? », et témoigne de la force qui permet à l'humanité de s'élever.

Cette force, chacun de nous se demande un jour s'il est capable de l'atteindre et de la manifester. Telle est la question qui vient un jour à nos lèvres : et moi, qu'aurais-je fait pendant l'occupation de la France par les nazis ? Aurais-je eu le courage de résister ? Et comment serais-je capable d'avoir le courage sacrificiel dont ont fait preuve les martyrs de l'Église et qui mène Jeanne d'Arc jusqu'à la mort ? Serais-je à la hauteur de ces chrétiens persécutés qui, aujourd'hui, au Moyen-Orient, continuent quotidiennement à pratiquer leur foi au péril de leur vie ? Et, plus communément, comment continuer à demeurer fidèle au christianisme, à témoigner de sa foi dans une civilisation mercantile, technologisée, numérisée à l'excès, qui disqualifie toute croyance en Dieu, repousse l'invisible, se moque de ce qui est pour elle une vaine superstition du passé ? Comment résister à une époque qui repousse Dieu et promeut un *homo economicus*, pris dans un dispositif technologique, dont le seul horizon est l'accumulation de richesses et le divertissement, qui vit au jour le jour, dans un présent indéfini ? Comment ne pas céder à une

1. Mt 27, 46.

pression sociale qui, toujours plus envahissante, s'exerce dans les médias, les conversations, les injonctions venues de part et d'autre ? Comment ne pas céder à la tentation de se fuir soi-même, de refuser de s'interroger sur le sens de la vie, sur qui nous sommes et ce que nous vivons ? Tout est fait pour que, mobilisés par une civilisation occidentale affolée d'innovations technologiques rapidement obsolètes et un progrès incontrôlé qui ne se pose plus la question de ses fins, nous nous ignorions nous-mêmes.

Les Évangiles, comme ils le furent à d'autres époques, sont un recours et un remède au désarroi. Car le Christ est le modèle même de la force d'âme. Il se sacrifie sur la Croix par amour de l'humanité, ce qui déroge à la vision toute-puissante et traditionnelle de la divinité. Son enseignement, à l'exemple du Sermon sur la montagne, requiert, parce qu'il est paradoxal et suscite l'incompréhension des disciples eux-mêmes, la force d'âme.

La force qui vient d'en haut

Voilà pourquoi la force d'âme est la matrice de l'esprit de chevalerie médiéval. Comme le souligne Bernard de Clairvaux dans l'*Éloge de la nouvelle chevalerie*, elle « vient d'en haut ». Elle inspire du courage au chevalier : « Le soldat qui revêt en même temps son âme de la cuirasse de la foi et son corps d'une cuirasse de fer, ne peut point ne pas être intrépide et en sécurité parfaite; car, sous sa double armure, il ne craint ni homme ni diable[1]. »

La chevalerie est d'abord une aventure de l'Esprit, car la force propre au chevalier est ouverture à la transcendance divine qui, permettant de résister aux périls, élève l'âme. Dans son traité sur *Les dons du Saint-Esprit*, le théologien Jean de Saint-Thomas souligne combien cette force d'âme est « renforcée » par la force divine, la puissance de Dieu qui vient l'inspirer :

> La force est une certaine fermeté d'âme pour affronter ou supporter des maux graves. Or les forces humaines sont très limitées et fragiles, surtout pour persévérer dans la lutte, et pour surmonter la multitude des périls qui se présentent en cette vie, et spécialement pour parvenir à la fin éternelle, qui suppose que l'on a échappé à tous les périls et triomphé de tous les maux. Pour tout cela, la vertu commune de force ne peut suffire [...]. Mais le don de force est tellement revêtu de la vertu d'en haut, qu'il rend sienne pour ainsi dire la puissance de Dieu, et repoussant toute infirmité naturelle, opère par la seule vertu de la Divinité[2].

En cela, la chevalerie prend sens dans le mystère chrétien et trouve son apogée littéraire dans le

---

1. Bernard de Clairvaux, *Éloge de la nouvelle chevalerie*, trad. abbé Charpentier, Louis Vivès éditeur, Paris, 1866, p. 310.
2. Jean de Saint-Thomas, *Les dons du Saint-Esprit*, trad. Raïssa Maritain, Téqui, Paris, 1997.

roman de Chrétien de Troyes, *Perceval ou le roman du Graal*, à la fin du XIIe siècle. Être chevalier, c'est, avec force d'âme, « percer le val », aller au-delà de soi-même, au-devant de l'invisible, à ce point où, dans l'humilité, le silence, la non-parole, se donne le mystère de l'Ouvert. La chevalerie est, par là même, une aventure intemporelle. Elle est un modèle de conduite humaine. Il y a un esprit de chevalerie parce qu'il n'y a de chevalerie que de l'Esprit dont bien des figures contemporaines nous livrent l'exemple.

Il y a bien évidemment des formes d'héroïsme propres à d'autres cultures et d'autres sociétés, il y a un héroïsme athée dont Jean Moulin est une figure exemplaire (même si, dans une pièce de théâtre récente, il a pu être présenté comme un héros christique[1]). Il y a un humanisme héroïque, tel celui du mathématicien et résistant Jean Cavaillès qui inspire le personnage de « Saint-Luc » dans le film de Melville, *L'armée des ombres*. Mais ne sont-ils par l'héritage laïcisé d'un héroïsme qui repose sur la force d'âme chrétienne (ou, à tout le moins, l'esprit de chevalerie) ? Celle-ci, de toute façon, demeure un modèle qui doit nous conduire à résister à l'idéologie actuelle de déconstruction de la civilisation française et occidentale, héritière du modèle culturel chrétien, mais aussi, encore plus radicalement, fondée sur le concept de personne humaine. La force d'âme est

1. Cf. Jean-Marie BESSET, *Jean Moulin, évangile*, 2017 (pièce de théâtre).

principe de résistance en un temps de détresse où s'annonce, à nouveau, « l'étrange défaite »[1]. Elle nous tourne vers l'avenir, et je n'oublie pas la leçon de Marc Bloch :

> La tradition française, incorporée dans un long destin pédagogique, nous est chère. Nous entendons en conserver les biens les plus précieux : son goût de l'humain ; son respect de la spontanéité spirituelle et de la liberté ; la continuité des formes d'art et de pensée qui sont le climat même de notre esprit. Mais nous savons que, pour être vraiment fidèles, elle nous commande elle-même de la prolonger vers l'avenir[2].

Pour le dire autrement, Dieu ne nous invite-t-il pas à décupler notre force d'âme alors que, sa mort ayant été proclamée, il est devenu aujourd'hui « le caché » ? Et n'est-ce pas ainsi qu'il se manifeste le mieux ?

---

1. Cf. Marc Bloch, *L'étrange défaite*, Gallimard, coll. « Folio », Paris, 1990.
2. *Ibid.*, p. 268.

1

Le recours aux forêts

On n'échappe pas à la culture populaire de son enfance. L'idéal, encore imprécis, de la force d'âme fut sans doute forgé en moi par deux séries télévisées populaires qui, mettant en scène des chevaliers, avaient le Moyen Âge pour décor historique. Je suis un enfant des débuts de la télévision. Je vivais dans le quartier Saint-Michel, au cœur de Toulouse. Mes parents, dans un premier temps, n'avaient pas la télévision. Alors, je me rendais chaque jeudi chez ma marraine qui habitait dans un grand appartement d'un immeuble ancien, allée Frédéric-Mistral, près du jardin des Plantes, assister aux épisodes du feuilleton britannique *Ivanhoé*, tiré du célèbre roman de Walter Scott et diffusé au début des années 1960. La séance de télévision devenait une cérémonie qui, à mon insu, distillait en moi un idéal de conduite.

Quelques années plus tard, ma famille disposant désormais du précieux poste de télévision, je suivais fidèlement les épisodes de *Thierry la Fronde*, une série imaginée par Jean-Claude Deret. Le spectacle était moins cérémoniel mais la magie de la télévision jouait encore à plein. Les deux feuilletons, tous deux diffusés en noir et blanc, aux images imprécises, possédaient, par ce fait même, l'apparence des choses du passé, la couleur de l'histoire. Ils déroulaient une légende dorée en noir et blanc. Ils offraient des images semblables aux scènes édifiantes gravées sur la façade des cathédrales et privées de leur couleur originelle. Ils imprimaient en moi un idéal d'existence à atteindre.

Deux héros en noir et blanc

Ivanhoé et Thierry la Fronde, respectivement interprétés par Roger Moore et Jean-Claude Drouot, étaient des marginaux qui, contre tous, au nom de valeurs qui les dépassaient, résistaient. Tous deux, selon l'expression d'Ernst Jünger, avaient « recours aux forêts »[1] : la « vaste forêt » entre Sheffield et la ville de Doncaster, à la fin du XIIe siècle, pour l'un ; celle de Sologne, au XIVe siècle, pendant de la guerre de Cent Ans, pour l'autre. Dans le feuilleton, à la différence du roman (mais dans mes souvenirs, les deux se sont brouillés désormais), Ivanhoé ne se dissimule pas sous l'apparence d'un pèlerin de retour de la Terre sainte, il n'est pas « le chevalier déshérité » qui participe anonymement à un tournoi, il est le chevalier

1. Cf. Ernst Jünger, *Traité du rebelle ou le recours aux forêts*, Seuil, coll. « Points », Paris,1986.

blanc s'opposant au chevalier noir, le Prince Jean, qui veut monter sur le trône à la place de son frère, le roi Richard Cœur de Lion, parti en croisade et dont on n'a plus de nouvelles. Ivanhoé a pour compagnons un serf forgeron et son fils qu'il a libérés et qui vont l'initier à l'espace sauvage de la forêt.

Thierry la Fronde (autrefois nommé Thierry de Janville avant d'être dépossédé de son titre), lui, refuse l'occupation d'une partie de la France par les Anglais. Il veut délivrer Jean le Bon, fait prisonnier par Édouard, le Prince Noir, après la bataille de Poitiers en 1356, au tout début de la guerre de Cent Ans. Trahi par son intendant, messire Florent, qui veut récupérer son titre, son château et ses terres, il se réfugie dans la forêt de Sologne et s'entoure d'une bande de compagnons qui sont des gens du peuple et des marginaux : Jehan le Larron qui le libère de la prison où il a été enfermé par les Anglais ; Bertrand, une force de la nature ; Martin, un personnage falot en butte aux réprimandes de son épouse ; Pierre, le trouvère ; Boucicault, habile au lancer de couteaux et amnésique ; Judas, un acteur de théâtre qui ne fait plus qu'un avec le personnage biblique maudit qu'il a interprété. Thierry de Janville, choisissant la fronde pour arme, tel David affrontant le géant Goliath, devient Thierry la Fronde, un hors-la-loi entré en résistance. Faut-il ajouter que chacun des deux héros est amoureux d'une jeune femme, complice de leur combat : Rowena, princesse saxonne, pour l'un ; Isabelle, fille du peuple, pour l'autre.

Il est évident que le feuilleton français reporte, dans le contexte de la guerre de Cent Ans, les combats menés par la résistance française contre l'occupant nazi, vingt ans auparavant. Et je crois bien que, pour moi, les forêts médiévales qui constituaient le décor des deux feuilletons finissaient par se confondre avec cette forêt de Picaussel, dans l'Aude, où des membres de ma famille avaient pris le maquis pendant l'occupation allemande de la France. La forêt devenait un des lieux privilégiés de mon imaginaire. Le lieu du recours.

L'intrigue des deux feuilletons était caricaturale, opposant les gentils et les méchants, les faibles et les puissants, l'espace sauvage de la forêt et celui, policé, des châteaux. C'est pourtant ainsi que j'ai approché l'esprit de chevalerie. Je percevais qu'il y a en nous une énergie, une force de résistance qui permet de bouleverser le cours des choses et de renverser des montagnes alors que tout semble perdu. Si je me limitais cependant à ce constat, je ne ferais, à mon tour, que remarquer l'efficacité des guerres dissymétriques qui ont marqué l'histoire et, en particulier, le XXe siècle, en Indochine, en Algérie, ou ailleurs. Je devinais chez Ivanhoé ou Thierry la Fronde autre chose : une capacité à s'abaisser pour mieux s'élever, une dimension spirituelle qui dépassait la simple dimension politique de leur combat. Ce qui me séduisait le plus, c'était leur capacité à œuvrer pour le grand, le bien, le beau, en s'abaissant, se dissimulant. Ce jeu de l'ombre et de la lumière, entretenu par la couleur noir et blanc des feuilletons, me fascinait. L'âme se forgeait, acquérait sa force à l'ombre des apparences. Elle requérait un secret intérieur, un retour en soi-même qu'offrait le recours aux forêts, en marge du flux du monde qui arrache à soi et désarme. Je devinais qu'il n'y a de force que dans le for intérieur. Se recueillir, faire retour en soi-même, c'est déjà résister alors que dans la civilisation des machines, comme l'écrit Georges Bernanos, « la vie intérieure prend peu à peu un caractère anormal[1] ».

Ce constat est encore plus vrai aujourd'hui tandis que le projet nihiliste du libéralisme financier est de nous transformer toujours davantage en êtres de consommation, robotisés et numérisés, bientôt obsolètes et appelés à fusionner avec la machine au nom d'un projet post-humaniste totalitaire.

Les forêts intérieures

En ce sens, la figure de Robin des Bois, personnage fictif du folklore anglais oral[2] qui se devine derrière le personnage d'Ivanhoé (et apparaît dans le roman) et, surtout, celle de Thierry la Fronde me paraissent avoir valeur de modèle spirituel. Toutes deux incarnent la

1. Georges BERNANOS, *La France contre les robots*, Le Livre de Poche, Paris, 1973, p. 131.
2. Devenu personnage littéraire au XIVe siècle. Cf. par exemple le poème de William Langland, *Piers Plowman* (« Pierre le Laboureur »), composé entre 1360 et 1387.

force d'âme qui se fabrique dans les ténèbres épaisses d'une forêt, réservoir d'une force brute que le chevalier hors-la-loi va transformer en idéal de conduite humaine. Dans le roman de Chrétien de Troyes, *Yvain ou le chevalier au lion*, l'un des chevaliers du roi Arthur part à la recherche de l'homme sauvage rencontré dans la forêt qui a indiqué à son cousin Calogrenant le chemin menant à une fontaine merveilleuse. Le récit a valeur de parabole : cet homme sauvage, héritier d'Enkidu, le compagnon de Gilgamesh, qui a grandi parmi les animaux, est le symbole de la force brute qu'abrite la forêt. Le mot « forêt » est, en effet, un terme juridique issu du latin *foresta* qui, à l'époque mérovingienne, désigne les étendues boisées exclues du domaine public parce qu'elles sont propres à la conservation d'une vie sauvage et donc à la chasse, privilège royal. La forêt est le lieu préservé de la force brute. Elle est donc aussi le domaine privilégié du hors-la-loi, capable, par son action, dès lors qu'il sort de son abri, de métamorphoser cette force brute en force d'âme au service de la justice et d'un idéal humain.

La forêt, si elle est sauvage et inquiétante, est aussi peuplée de divinités anciennes, de fées et d'esprits de la nature. Elle peut s'animer et s'avancer comme dans *Macbeth* de Shakespeare. Enchantée, ensorcelante, elle est le lieu où l'on se perd et fait de mauvaises rencontres comme dans les contes de fées. *Ivanhoé* de Walter Scott s'ouvre précisément sur l'évocation d'une forêt inquiétante qui est le lieu principal où se déroule l'action du roman et « que hantait dans les anciens temps le fabuleux dragon de Wantley[1] ». Le chevalier, tels Yvain, Lancelot ou Perceval, doit donc s'enfoncer dans des ténèbres de la forêt qui sont aussi celles d'un imaginaire débridé pouvant confiner à la folie. Pour transmuer la force brute sylvestre en force d'âme, il faut se cacher sous des frondaisons épaisses, oublier son identité ancienne et se déguiser. Robin des Bois, *Robin Hood*, se dissimule sous sa capuche (*hood*), le mot « robin » renvoyant au terme français « robe », qui recouvre tout le corps. Ivanhoé, quant à lui, prend les traits d'un ermite (dans le roman de Walter Scott) et Thierry de Janville se dissimule sous l'identité de Thierry la Fronde.

On ne devient chevalier qu'en civilisant et spiritualisant la force brute tapie au plus profond de la forêt. Voilà pourquoi, dans le roman de Chrétien de Troyes, Yvain, une fois détenteur de force intérieure, va pouvoir terrasser le serpent combattu par le lion. Ce dernier, en retour, mettra sa force brute au service d'Yvain et partagera ses aventures, prenant le parti du bien contre le mal. Le lion, dans la symbolique médiévale, est souvent associé au Christ. Ranimant au bout de trois jours, par son souffle, ses lionceaux mort-nés, il représente la royauté du Christ. Il est le lion de la tribu de Juda qui a vaincu Satan : « Ne pleure pas. Voilà qu'il a remporté la victoire, le lion

1. Walter SCOTT, *Ivanhoé*, Gallimard, coll. « Folio », Paris, 2007, p. 69.

de la tribu de Juda, le rejeton de David[1]. » Voilà pourquoi le roi Richard est surnommé « Cœur de Lion » : pour le courage qu'il a montré en Terre sainte, lors de la troisième croisade.

Le lion incarne la part de force animale qu'Yvain a su métamorphoser en force spirituelle pour devenir chevalier. « Car le lion de Chrétien de Troyes [...] est un lion de "grant force", d'une combativité sanguinaire, qui, de ses griffes, lacère la chair des adversaires, coupe les nerfs, arrache les bras et les entrailles, fait couler le sang à flot[2]. »

La forêt est, en effet, espace d'initiation : elle permet à Yvain d'acquérir la force intérieure qui, désormais, orientera ses combats vers une juste cause. Lancelot passera de nombreuses années dans une forêt où il perdra la raison, vivant un processus initiatique de mise à l'écart, de mort symbolique et de nouvelle naissance à un état intérieur de force spiritualisée. Comme l'écrit justement Robert Harrison, « tout se passe comme si les champions chevaleresques de l'ordre social (les nobles) devaient se perdre périodiquement dans la nature extérieure pour retrouver leur intériorité[3] ».

Ivanhoé se bat pour permettre à Richard Cœur de Lion de conserver son trône, au nom de sa légitimité mais aussi de la sacralité liée à l'exercice du pouvoir

---

1. Ap 5, 5.
2. Michel Stanesco, « Le lion du chevalier : de la stratégie romanesque à l'emblème poétique », in *Littératures*, automne 1988, p. 28.
3. Robert Harrison, *Forêts. Essai sur l'imaginaire occidental*, Flammarion, Paris, 1992, p. 108.

royal. Il s'agit, dans ce combat, de rétablir l'ordre spirituel du monde, sans lequel toutes les ambitions, les dérèglements, les traîtrises sont possibles. Thierry la Fronde se bat pour un idéal, celui de la liberté, qui fait écho à une histoire récente.

Ce jeu entre héroïsme de l'ombre et combat disproportionné trouvait écho en moi. J'y devinais l'esprit de chevalerie où se conjuguent courage et humilité et qui ne va pas sans le recours aux forêts. Car la forêt est espace intérieur. Inutile de réapprendre à vivre dans les bois comme l'enseigne Henry David Thoreau dans son livre *Walden ou la vie dans les bois* (1854). Nous abritons une forêt où se cache notre force. Le recours aux forêts est retour à soi. La forêt est refuge auquel nous devons régulièrement revenir pour nous réapproprier notre âme, la recharger en énergie dans le silence de la prière ou du recueillement. Car la force d'âme n'est pas un état atteint une fois pour toutes. Elle est un idéal à atteindre, mis sans cesse à l'épreuve par l'existence, la société, l'expérience du mal. Il n'y a pas de force d'âme sans âme précisément, sans conviction qu'il y a plus grand que nous, qu'il y a un invisible qui nous empêche de reculer devant le danger, la mort, le sacrifice. Ignorer la part d'invisible, de spiritualité qui définit l'humanité, c'est se condamner à la faiblesse de l'instinct, à l'asservissement et à l'avilissement. À la défaite de soi et des autres. À la bassesse du renoncement.

Voilà pourquoi la force d'âme bouscule les barrières et renverse les montagnes. Elle rend toute espérance possible au cœur de la nuit la plus profonde. Aujourd'hui, en ce temps obscur de nihilisme, je sais qu'il existe toujours un recours aux forêts qui doit nous conduire à refuser l'inacceptable.

Avoir recours aux forêts, c'est découvrir l'arbre dont le bois sert à faire la croix qui oriente la quête et dirige vers l'Orient intérieur. C'est savoir que les forêts sont aussi abritées dans les cathédrales de pierre, comme le suggère Alain-Fournier :

> Je suis allé l'autre soir, à 10 heures, à Notre-Dame pendant un sermon sur le Carême. Notre-Dame, la nuit. Voûtes indéfinies comme dans une forêt. Entre les piliers, là-bas, des hommes s'entrecroisent et cherchent avec des lanternes. C'est ainsi qu'une fois, à cette heure de la nuit, des hommes en ont cherché un autre avec des lanternes, des flambeaux et des armes. Je sais bien qu'avant tout c'est ce drame humain qui m'émeut tellement. Mais ce qui me laisse anéanti de terreur, de délices et d'émerveillement, c'est la pensée que Dieu peut-être était là, comme le plus humain, le plus homme des hommes[1].

C'est savoir que la forêt est le sanctuaire de Dieu dont la force nous aide à devenir nous-mêmes. En altitude.

---

1. Jacques Rivière, Alain-Fournier, *Correspondance. 1905-1914*, volume 2, Gallimard, coll. « NRF », Paris, 1966, p. 332.

2

Une vertu cardinale

JÉSUS a force d'âme. Il ne cesse de mettre en cause la représentation partagée, usuelle, du monde et de dérouter son auditoire. Il parle par paradoxes, ses leçons touchent au mystère et suscitent l'incompréhension des apôtres.

Parce que son enseignement vise à reconnaître la dignité des pauvres et des délaissés et pardonner à l'agresseur, parce qu'il rend témoin de la Résurrection Marie Madeleine, une femme déclassée devenue ainsi l'apôtre des apôtres, parce que sa royauté culmine dans le sacrifice sur la croix, Jésus témoigne d'une force d'âme inégalée qui inspire par son inépuisable mystère.

Jésus résume la force d'âme où viennent se conjoindre énergie intérieure et transcendance, humanité et divinité, humilité et élévation. Donner de soi, se donner par amour, c'est donner à être. S'effacer devant et pour autrui, c'est laisser place. Voilà qui invite au courage et au sacrifice. Voilà qui est la matrice d'une vertu qui devrait gouverner nos vies : la force d'âme.

Anthropologie de la force

Ambroise de Milan (339-397), évêque de Milan et l'un des quatre Pères de l'Église d'Occident, dans son traité *Les devoirs* (vers 387-390), se livre à une véritable anthropologie de la force, distinguant courage physique et courage de l'âme. Selon lui, même physique, le courage ne se suffit jamais à lui-même. « Le courage est ainsi comme plus élevé que toutes les autres vertus, mais jamais une vertu sans compagnes ; en effet, elle ne s'en remet pas à elle-même, autrement, le courage sans la justice est occasion d'iniquité[1]. »

Non seulement le courage doit être aiguillé par le souci de la justice, mais il doit être aussi, au combat, guidé par la prudence. Voilà pourquoi David, confronté au géant Goliath, agit ainsi.

> Jamais David, s'il ne fut provoqué, n'engagea la guerre. C'est ainsi qu'il eut la prudence comme compagne du courage dans le combat. De fait, même sur le point de lutter en combat singulier contre Goliath, un homme monstrueux par la masse de son corps, il se débarrassa des armes qui l'alourdiraient ; la valeur en effet s'appuie plutôt sur ses propres bras que sur des armures extérieures. Puis, de loin, afin de frapper plus sévèrement, d'un jet de pierre, il tua l'ennemi. Par

1. Ambroise de Milan, *Les devoirs*, tome 1, trad. Maurice Testard, Les Belles Lettres, Paris, 1984, livre I, chap. XXXV, « Le courage ».

la suite, jamais, si ce n'est après avoir consulté le Seigneur, il n'entreprit la guerre[1].

Thierry la Fronde a retenu la leçon de David : agir avec courage mais aussi avec prudence, user de l'arme qui convient le mieux et est à même de terrasser l'ennemi.

La force n'est pas simplement affaire guerrière, elle se manifeste dans la paix et, en tous les cas, joint vigueur physique et élévation de l'âme : elle « se distingue dans les activités de la guerre et dans la paix, par la grandeur et l'élévation de l'âme, et [...] se signale par la vigueur physique[2] ». Animée par la foi qui élève l'être humain vers plus grand, plus beau que lui, le dirige vers une gloire qui a trait à la divinité, la force est le propre des martyrs.

> De ceux qui « bouchèrent la gueule des lions, éteignirent la force du feu, échappèrent au tranchant du glaive, s'affermirent, de faibles qu'ils étaient, dans le courage », qui ne remportèrent pas, incorporés à une compagnie et à des légions, une victoire commune à un grand nombre, mais, avec la seule valeur de leur âme, un triomphe personnel sur les infidèles. Comme il fut invincible, Daniel, lui qui ne s'effraya pas des lions qui rugissaient à ses côtés[3] !

1. *Idem.*
2. *Idem.*
3. *Idem.*

Être fort, c'est ainsi ne pas craindre d'être méprisé, ignoré, perçu comme faible et inconsistant. C'est savoir demeurer dans l'ombre d'une forêt, d'une situation sociale inférieure ou ignorée. C'est ne pas avoir peur de s'abaisser pour aller au niveau des plus pauvres, des plus déshérités, des exclus. Déjà, Aristote, dans l'*Éthique à Nicomaque*, remarquait que « le fort ne peut être effrayé humainement[1] ».

La force n'est pas qu'une affaire physique. Elle est vertu de l'âme. « Ce n'est [...] pas seulement dans les forces du corps et dans les bras que consiste la gloire du courage, mais plutôt dans la vertu de l'âme ; et ce n'est pas à commettre l'injustice, mais à la repousser que consiste la loi de la vertu[2]. »

Le courage de l'âme évolue donc dans « deux domaines », physique et spirituel :

> C'est en deux domaines que l'on considère le courage de l'âme : en premier lieu, pour les biens extérieurs concernant le corps, qu'il les tienne pour les moindres des biens et les regarde comme superflus, à dédaigner plutôt qu'à rechercher ; en second lieu, pour ces biens qui sont les plus élevés, et toutes les choses où l'on reconnaît la beauté morale[3].

1. Aristote, *Éthique à Nicomaque*, Vrin, Paris, 1990, chap. IX.
2. Ambroise de Milan, *Les devoirs*, tome 1, *op. cit.*, livre I, chap XXXV, « Le courage ».
3. *Idem.*

La mort, à force d'âme

Disons-le, cependant : la mort de mon épouse, Danielle, cet événement qui a bouleversé ma vie et auquel je ne peux m'arracher malgré la fuite des années, m'a permis, plutôt que la lecture attentive du traité d'Ambroise de Milan, de comprendre et de vivre ce qu'est la force d'âme.

Danielle avait une droiture qu'elle conjuguait au souci d'autrui. Elle visait haut, elle vivait haut, elle possédait une noblesse de l'esprit que son éducation, les milieux si opposés qu'elle avait côtoyés étant enfant puis adolescente, lui avaient inculquée. Touchée par la maladie, alors qu'un médecin, sans subtilité ni délicatesse, lui annonçait qu'elle avait un cancer à un stade avancé, « sans doute du sein », ajoutait-il, elle avait répliqué, avec bravache, sans faiblir, avec condescendance tant cette erreur de diagnostic lui paraissait grossière : « Un cancer du sein, sûrement pas ! »

J'assistais à la scène, face à elle, devant son lit de clinique et j'étais effondré, terrassé. Danielle continua de toiser le jeune médecin si dépourvu de tact avant de me sourire pour me rassurer. Tout au long des six mois du cancer du poumon qui finit par l'emporter, il en fut ainsi. Elle regardait de haut sa maladie, la chassait de ses pensées, comme pour la mépriser, et prenait de longs moments pour demeurer avec elle-même dans le calme de sa chambre. Elle lisait, réfléchissait, méditait. Jamais plus, au cours de sa longue hospitalisation, elle ne consulta Internet ou n'alluma le poste de télévision de sa chambre. Elle consacrait une large partie de son temps à nos enfants, Pierre et David, ainsi qu'à moi-même. Nous nous promenions tous deux tant que ce fut possible pour elle dans le parc de la clinique, conversions comme nous l'avions toujours fait pour demeurer au plus près de nous-mêmes. Lorsque, chaque jour, j'arrivais dans sa chambre, je prenais sa main et la caressais, embrassant le bout de ses doigts, puis, contemplant son visage, je la regardais me parler.

Jamais elle n'a défailli. Jamais elle n'a évoqué devant moi sa maladie, la peur qu'elle pouvait éprouver. J'essayais, quant à moi, de garder mon angoisse pour moi-même, ne la laissant me submerger que lorsque j'étais seul. J'ai appris, grâce à Danielle, que la maladie, pas plus que la mort, ne chasse l'amour, qu'une chambre de clinique, si elle peut offrir « un recours aux forêts », peut être aussi le lieu clos de l'amour.

Danielle m'enseignait. Elle m'apprenait à vivre sa maladie et sa mort comme expérience spirituelle. Je devinais peu à peu ce qu'est la force d'âme. Lorsque le cancer finit par l'emporter, elle fut fidèle à elle-même, à cette noblesse de l'esprit qui oblige à ne jamais se laisser humilier par les dégâts de la maladie. Je me souviens avoir dit familièrement à Pierre et David : « Elle a mis la barre très haut. » Quand elle apprit qu'elle était condamnée à brève échéance, son premier mouvement (je ne le sus que plus tard) fut de penser à moi : elle demanda à David d'être présent lorsque j'arriverais, comme chaque fin d'après-midi, après mon travail, à la clinique. Elle avait peur, en effet, que je m'évanouisse à la nouvelle de sa mort prochaine. Elle allait mourir, le savait et sa première réaction était de penser à moi. L'amour, pour nous deux, se liait à jamais, à la mort.

Le lendemain, nous avons passé une longue partie de la journée à nous parler mais je n'ai compris que plus tard que nous étions en train de nous dire adieu. Elle m'a dit, sans ciller, quoi faire pour organiser ses obsèques, je lui ai lu les derniers messages envoyés par ses étudiants qu'elle a écoutés avec une attention scrupuleuse. Je me souviens m'être exclamé alors : « Danielle, tu m'émeus ! » Je lui ai répété une nouvelle fois qu'elle était l'amour de ma vie, elle a fait l'effort de répondre que je l'étais aussi pour elle, mais en bredouillant car son souffle devenait de plus en plus court. Elle a ajouté, au seuil de notre séparation, cette phrase définitive qui continue à résonner en moi comme la vérité de la force d'âme, inséparable de la grâce : « Le plus important pour moi, c'est l'amour. »

Elle s'est aussi excusée de n'avoir pu guérir, malgré ses efforts, malgré les chimiothérapies, les radiothérapies, et de nous laisser. Elle a enchaîné en murmurant qu'elle serait toujours avec nous. Le jour suivant, après nous avoir vus tous trois réunis, Pierre, David et moi, elle a décidé de partir. Elle nous avait toujours dit qu'elle refuserait, si elle tombait gravement malade, qu'on prolonge sa vie inutilement. Quelques heures plus tard, refusant la main de l'infirmier de nuit qui souhaitait lui donner un peu de réconfort et de force, elle s'est laissée glisser, avec grâce et élégance, comme à son habitude, sans mot dire, dans la mort. Nous ne nous attendions pas à ce qu'elle parte si tôt, pas plus que le médecin oncologue. Elle seule avait décidé du moment de son départ.

Danielle m'a appris la force d'âme qui ne va pas sans la dimension de l'amour. La force d'âme est force de l'amour et ne va pas sans la grâce. Danielle avait l'élégance des « belles dames » qui, dans l'imaginaire du Moyen Âge, peuplaient les forêts et enchantaient le quotidien. De son vivant, nous l'appelions « la magicienne » tant elle paraissait avoir une relation mystérieuse à l'invisible. « Il te faudra apprendre à vivre sans moi car je partirai tôt », m'avertissait-elle souvent, malgré mes vaines protestations. Je ne compris que plus tard qu'elle m'inculquait ainsi la force d'âme nécessaire pour cheminer sans elle, sans faillir, sans faiblir, sans m'avilir. Comme Perceval ou Yvain. La mort et l'amour sont sœurs. C'est la leçon de Danielle, c'est la leçon du christianisme. Il y a une chevalerie de l'esprit qui, nourrie dans la pénombre d'une forêt ou d'une chambre de clinique, ce qui peut être un même lieu, nous aide à avancer, traverser les épreuves et poursuivre la quête.

3

L'esprit de chevalerie

CHRÉTIEN de Troyes, dans son livre inachevé *Perceval ou le roman du Graal*, offre la figure accomplie du chevalier. On sait peu de choses sur cet auteur, on ignore ainsi la date précise de sa mort et celle de l'écriture de *Perceval* (rédigé vers 1182-1190), mais quelques pistes permettant d'éclairer le texte et de donner un sens à la chevalerie s'offrent à nous. Nous savons, grâce au prologue, qu'il a écrit *Lancelot ou le chevalier à la charrette* sur les commandements de Marie de Champagne, fille d'Aliénor d'Aquitaine et de Louis VII, demi-sœur de Richard Cœur de Lion, qui tient une cour brillante et protège des écrivains tels que Guyot de Provins ou Villehardouin. Dans le prologue de *Perceval*, Chrétien de Troyes nous apprend qu'il est désormais au service de Philippe d'Alsace, comte de Flandre, qui a demandé en vain la main de Marie de Champagne. Les croisades sont en arrière-plan de *Perceval*, on ne le souligne peut-être pas suffisamment. Marie de Champagne assure la régence du comté de Champagne au nom de son époux parti en croisade puis au nom de son fils aîné jusqu'à la majorité de celui-ci en 1187. Elle fait de même en 1190 lorsque son fils combat, à son tour, en Terre sainte. Il deviendra d'ailleurs roi de Jérusalem. Quant à Philippe d'Alsace, commanditaire probable du roman *Perceval*, il se croise en 1177 puis en 1190 et meurt de la peste à Saint-Jean-d'Acre en 1191. Une tradition locale rapporte que son père, Thierry d'Alsace, aurait rapporté de Terre sainte, en 1148, des gouttes de sang coagulé du Christ.

Chrétien de Troyes ou l'esprit des croisades

Chrétien de Troyes baigne dans l'esprit de croisade. Trois croisades sont menées entre le XIe et le XIIe siècles. La première, lancée en 1095 pour permettre l'accès aux lieux saints de la chrétienté, se termine quatre ans plus tard et aboutit à la création des États latins d'Orient dont le royaume de Jérusalem, à la suite de la prise de la ville le 15 juillet 1099. La seconde, lancée par le pape Eugène III lorsqu'est connue la prise de Mossoul en 1144 puis la conquête du comté d'Édesse, l'un des premiers États latins d'Orient, par l'atabeg Zangî, se termine par un échec. Peut-être même l'écriture de *Perceval* est-elle contemporaine du début de la troisième croisade qui, commencée en 1189, ne permettra pas de reprendre la ville de Jérusalem conquise par Saladin le 2 octobre 1187.

Le roman de Chrétien de Troyes est un élément majeur dans l'imaginaire médiéval de la croisade. Il intériorise la quête spirituelle de la croisade et fait du chevalier l'acteur de cette quête, le détenteur et le metteur en œuvre des qualités propres à la spiritualité chrétienne, à commencer par la force d'âme. La première croisade déclenchée par le discours d'Urbain II lors du concile de Clermont, le 27 novembre 1095, pour délivrer Jérusalem et venir au secours des chrétiens d'Orient a, en effet, valeur spirituelle. Elle est vue (tout comme les suivantes) comme un pèlerinage en armes qui obéit à l'injonction « Dieu le veut ! ». Ce n'est qu'au XIIIe siècle que les participants à la croisade seront désignés comme des « croisés ». Il n'en demeure pas moins que, dès le début, la croisade se fait sous le signe de la croix. Ou, pour le dire autrement, la croix est le marqueur symbolique de l'aventure intérieure qui mène à Jérusalem.

Pèleriner en armes, c'est pèleriner en soi-même. Et se croiser n'est pas seulement affaire guerrière, c'est d'abord vouloir, à son tour, être en croix : répéter la vie du Christ. Le Christ devient la vocation intérieure du chevalier. Il n'y a de véritable croisade qu'au prix d'une épreuve et d'une conquête intérieures de soi-même. Le mythe littéraire du Graal est le vecteur de cette intériorisation dont les germes sont présents dans l'idée de croisade elle-même. Il y a, en effet, selon l'expression du grand historien Alphonse Dupront, un « extraordinaire » de la croisade qui ne peut que bouleverser le chevalier et, au-delà, chaque individu :

> Dans l'extraordinaire, il y a cette puissance de magnifier l'être au-dessus de lui ; ou bien ce dépaysement total du quotidien dans le retour à un milieu de mystère ou de silence, quelque part au cœur de l'être. Cette seconde voie semble être celle de la croisade. Autant dire qu'elle découvre la présence d'autres réalités, nécessaires à l'être et cependant ensevelies dans l'existence quotidienne ou inconscientes pour elle. La croisade est l'acte même de cette découverte[1].

Il y a, en cela, une mise en continuité de l'esprit de croisade avec l'esprit de chevalerie. Il faut, à nouveau, citer Alphonse Dupront :

> Au travers de l'inconscience contemporaine, dans les crises d'épuisement de la société moderne, croisade et chevalerie concentrent les mystères essentiels d'une société organique : participation, élection, service commun et garde [...]. Quelques grandes expériences nous font, en notre temps, croisade et chevalerie vivantes[2].

Devenir chevalier, c'est vouloir se mettre en croix, répéter la vie du Christ dans son trajet

1. Alphonse Dupront, *Le mythe de croisade*, tome III, Gallimard, Paris, 1997, p. 1282.
2. Id., *Le mythe de croisade*, tome II, Gallimard, Paris, 1997, p. 748.

d'homme, s'inspirer d'elle, faire corps avec elle. Cette démarche n'a pas seulement une signification historique, propre à la fin du XIIe siècle. Elle est intemporelle, elle constitue un universel de l'âme qui continue à nous habiter et que nous avons à incarner pour être pleinement nous-mêmes. Le Dieu-et-homme nous offre la perspective d'accroître notre humanité en esprit. L'incarnation est un paradigme spirituel.

Perceval est le roman d'apprentissage qui raconte comment le chevalier doit se mettre en croix. Il donne une signification spirituelle sans égale au roman de chevalerie. Il raconte la métamorphose de la croisade, entreprise guerrière et spirituelle en une quête intérieure qui élève l'être humain en le dépaysant, en lui faisant affronter le mystère. Il met en place l'esprit de chevalerie.

L'aventure chevaleresque

Devenir chevalier, ce n'est pas parvenir à un état social mais épouser une fonction religieuse et spirituelle. Les armes du chevalier ont signification symbolique : le haubert protège le corps comme le chevalier doit défendre l'Église, le heaume protège la tête comme il doit défendre la foi. L'épée, arme offensive et défensive, forme la croix qui résume le destin du chevalier, inséparable de l'exercice de sa force d'âme. D'ailleurs, « les deux tranchants de son épée signifiaient que le chevalier était le serviteur de notre Seigneur et de son peuple[1] ».

Le chevalier se place sous le signe de l'Évangile, il ne fait plus qu'un avec la croix de l'épée.

« Ne croyez pas que je sois venu apporter la paix sur la terre ; je ne suis pas venu apporter la paix, mais le glaive[2]. »

Être chevalier, c'est forger son âme dans l'épreuve. C'est partir dans une quête à bride abattue tout comme à force d'âme. Comme attendu, le roman de Chrétien de Troyes a pour premier décor une « gaste forêt » où le jeune Perceval, ignorant de tout, est élevé par sa mère. Ayant rencontré des chevaliers qui lui apprennent ce qu'est la chevalerie qui devient à ses yeux un idéal d'existence, il s'aventure hors de la forêt. Parti se faire adouber par le roi Arthur, il est reçu dans le château du Roi pêcheur qui fut autrefois blessé par un javelot lors d'une bataille. Il assiste, sans mot dire, au cortège du Graal. Mais s'il est incapable de poser des questions face à ce spectacle inattendu et dépaysant (pourquoi la lance saigne-t-elle ? à qui est destiné le Graal ?), c'est qu'il est confronté au Mystère.

> Comme ils parlaient de choses et d'autres, un valet d'une chambre vint, qui lance brillante tenait, empoignée par le milieu. Il passe à côté du

---

1. Frances Gies, *Le chevalier dans l'Histoire*, Pocket, Paris, 2023, p. 125.
2. Mt 10, 34.

> feu et de ceux qui étaient assis. Coulait une goutte de sang de la pointe du fer de lance et jusqu'à la main du valet coulait cette goutte merveille. [...] Une demoiselle très belle, et élancée et bien parée qui avec des valets venait, tenait un Graal entre ses mains. Quand en la salle elle fut entrée avec le Graal qu'elle tenait, une si grande lumière en vint que les chandelles en perdirent leur clarté comme les étoiles quand se lève soleil ou lune[1].

L'aventure chevaleresque n'est plus alors une suite d'exploits guerriers comme c'est le cas dans les romans précédents de Chrétien de Troyes, elle devient expérience dépaysante du transcendant, d'un indicible que figure le texte inachevé de *Perceval.* Elle est quête spirituelle que les successeurs de Chrétien de Troyes vont étoffer et compléter, créant un mythe littéraire. Ne pas poser de questions, comme le lui reproche la demoiselle peu après l'épisode du Graal, c'est s'empêcher de guérir le Roi blessé et ainsi de lever la malédiction de la « terre gaste ». *A contrario*, c'est lorsque Perceval prend le parti de questionner qu'il trouve son nom et le sens de la mission du chevalier : percer le val. « Et lui qui son nom ne savait, soudain le connut et lui dit que c'est Perceval le Gallois[2]. »

1. Chrétien de Troyes, *Perceval ou le roman du Graal*, 1974, Gallimard, coll. « Folio », Paris, p. 92.
2. *Ibid.*, p. 99.

Un ermite, qui s'avérera être son oncle, lui révélera finalement que, s'il n'a pas posé de question, c'est qu'il a péché, ayant abandonné sa mère, morte peu après son départ. Perceval s'est ainsi privé de savoir que le Graal (terme vraisemblablement issu du latin *cratalis* : « plat ») contenait une hostie et que sa question aurait permis de maintenir en vie le père du Roi pêcheur : « Cette hostie conforte et soutient sa vie, tant elle est sainte, et lui-même est tellement saint que rien ne le fait vivre, que cette hostie dans le saint Graal[1]. »

Chrétien de Troyes ne christianise pas seulement un épisode qui renvoie vraisemblablement au rite celtique du repas sacré, il suggère la part dépaysante du mystère dans le quotidien auquel doit se confronter le chevalier. Être chevalier, c'est poser des questions, interroger le sens de l'existence, ne pas demeurer muet devant un cortège qui possède une dimension eucharistique et communielle et partir en quête de réponses. C'est se confronter au mystère dont l'eucharistie est la métaphore et viser à s'accomplir en Esprit (tel le père du Roi pêcheur qui ne vit que d'hosties). Le Christ déroute ses disciples, son enseignement exige une force d'âme ; de même, la foi chrétienne est aventure et épreuve de l'inconnu, effort et interrogation. Elle n'est pas un état mais le mouvement d'une recherche intérieure. Elle est un départ qui exige une force d'âme. Être

1. *Ibid.*, p. 157-158.

chevalier, c'est se lancer non pas seulement dans une entreprise guerrière, mais aussi dans l'aventure mystérieuse de soi-même qui est croisade intérieure. Le chevalier est le lieu-tenant du mystère dont l'eucharistie est le cœur vibrant. Il est le lieu-tenant du Christ. Poser la question, partir en quête de la réponse, c'est donner vie au Roi blessé, le ressusciter, et, parant au malheur de la « terre gaste », rendre possible la venue du Sauveur. Perceval est donc le héros littéraire qui métamorphose le chevalier en serviteur de l'eucharistie, lieu-tenant du Christ, intériorisant l'« extraordinaire » de la croisade.

Le lieu-tenant du Christ

Robert de Boron, dans son livre *Joseph d'Arimathie* ou *Estoire dou Graal*, écrit vers 1190, christianise plus complètement le récit. Il identifie le Graal au vase ayant contenu le sang du Christ et fait de Joseph d'Arimathie, qui aurait recueilli ce vase, le personnage qui ouvre la lignée des chevaliers.

Robert de Boron s'étant mis au service d'un seigneur, Gautier de Montbéliard, qui meurt croisé en Terre sainte en 1212, baigne dans l'esprit des croisades. Son roman précède cinq autres romans qui, écrits vers 1220-1230, composent le cycle du Lancelot-Graal : *L'histoire du saint Graal*, le *Merlin en prose*, le *Lancelot en prose*, *La quête du saint Graal* et *La mort du roi Arthur*. Ces textes, embrassant une période qui va de la vie du Christ à la disparition du royaume arthurien, font de l'histoire du Graal le grand thème littéraire et spirituel qui domine le Moyen Âge. Il convient, en outre, de ne pas oublier le *Parzival* allemand de Wolfram von Eschenbach (première décennie du XIIIe siècle) dans lequel le Graal est identifié à une pierre précieuse, une pierre de vie, aux vertus quasi alchimiques.

Perceval est ainsi la figure littéraire emblématique d'une chevalerie qui, issue du monde franc mérovingien et de la cavalerie carolingienne, devient progressivement la protectrice de la chrétienté. L'Église a mis en place en 989 la Paix de Dieu qui instaure des sanctions contre tous ceux qui s'en prennent à une église, un membre du clergé, un paysan ou un pauvre, puis la Trêve de Dieu qui impose aux chevaliers de ne pas prendre les armes le dimanche et les jours de fête religieuse. Un concile réuni à Narbonne en 1054 édicte par la suite la règle selon laquelle « aucun chrétien ne tue un autre chrétien, car il ne fait aucun doute que celui qui tue un chrétien verse le sang du Christ[1] ».

L'un des maillons essentiels de la métamorphose chrétienne de la chevalerie est l'*Éloge de la nouvelle chevalerie* de Bernard de Clairvaux (1130) qui donne une fondation religieuse et spirituelle à l'ordre du Temple. Après le concile de Troyes (1129) qui le dote d'une règle propre, « la milice des pauvres

1. Frances GIES, *Le chevalier dans l'histoire*, *op. cit.*, p. 35.

chevaliers du Christ et du temple de Salomon » (*pauperes commilitones Christi Templique Salomonici*), créée le 23 janvier 1120 par Hugues de Payn et Godefroy de Saint-Omer pour assurer la protection des pèlerins occidentaux, est devenue l'ordre du Temple. Pour Bernard de Clairvaux, cette nouvelle chevalerie tout entière vouée au Christ devient un idéal de conduite. Celui qui prie et celui qui combat ne sont plus désormais qu'une seule et même personne, un moine chevalier invincible :

> Un nouveau genre de milice est né, dit-on, sur la terre, dans le pays même que le soleil levant est venu visiter du haut des cieux [...]. Le soldat qui revêt en même temps son âme de la cuirasse de la foi et son corps d'une cuirasse de fer, ne peut point ne pas être intrépide et en sécurité parfaite ; car, sous sa double armure, il ne craint ni homme ni diable. Loin de redouter la mort, il la désire. Que peut-il craindre, en effet, soit qu'il vive, soit qu'il meure, puisque Jésus-Christ seul est sa vie et que, pour lui, la mort est un gain[1] ?

En ce sens, le personnage de Galaad[2], fils de Lancelot et d'Ellan, la fille du Roi pêcheur, qui, à la différence de son père, empêché par l'amour de Guenièvre, mène à son terme la quête du Graal,

1. Bernard de Clairvaux, *Éloge de la nouvelle chevalerie*, *op. cit.*, p. 310-311.
2. Le personnage, ignoré par Chrétien de Troyes, apparaît dans le cycle du Lancelot-Graal au XIIIe siècle.

illustre l'idéal cistercien et templier du moine-chevalier. Indemne du péché, prédestiné, n'ayant pas à subir les épreuves d'une initiation comme Perceval, il est le seul à pouvoir regarder l'intérieur du Graal.

Le chevalier devient ainsi, de manière générale, le défenseur du Christ et, à ce titre, est consacré. Jean de Salisbury, dans le livre VI du *Policratus* (vers 1159), précise que « les chevaliers vont à la guerre comme aux noces, vêtus de blanc », et qu'ils sont institués par un choix et un sacrement (comme les rois). Il ajoute :

> La consécration du chevalier est telle : il est de coutume solennelle, le jour où il est décoré du baudrier militaire, qu'il vienne solennellement dans l'église, qu'il pose le glaive sur l'autel et l'offrande ainsi faite en signe de profession solennelle, qu'il se voue lui-même au service de l'autel et qu'il promette à Dieu de se mettre au service de son épée, c'est-à-dire de sa fonction[1].

La cérémonie de l'adoubement (encore collective) qui a lieu dans une église est instituée après 1070. Elle est précédée d'une nuit de veille, comme le rapporte le moine cistercien et poète Hélinand de Froidmont dans le traité *La bonne conduite princière* (vers 1200), commentant un usage qui commence alors à se répandre : « En certains lieux, il est

1. Cité in Georges Duby, *Œuvres. Les trois ordres ou l'imaginaire du féodalisme*, Gallimard, coll. « Pléiade », Paris, 2019, p. 1022-1023.

coutume pour le chevalier qui doit être consacré le lendemain de passer toute la nuit précédente en veille et en prière, sans avoir le droit de se coucher ni de s'asseoir[1]. » L'adoubement prendra au XIIIe siècle sa pleine signification chrétienne (on en trouve une évocation dans l'ouvrage de Raymond Lulle, le *Libre del ordre de cavalleria*, écrit vers 1275).

C'est bien l'idéal chrétien de cette nouvelle chevalerie qui imprègne l'imaginaire de la quête du Graal : « Sous [l']impulsion [de saint Bernard], une part de la lyrique chevaleresque s'engagea dans une conversion dont les enchantements forestiers de la *Queste del saint Graal* marquèrent après 1200 l'aboutissement et dont Chrétien de Troyes portait déjà le témoignage[2]. » Ainsi se déplace dans l'imaginaire l'impulsion de « l'extraordinaire » de la croisade. Ainsi la chevalerie devient dépositaire d'un dépaysant Mystère.

Preux et héros

Enrôlée au service de l'Église, acquérant une signification spirituelle, la chevalerie historique s'est progressivement métamorphosée en conduite intemporelle, en trait de civilisation, en modèle de

1. *Ibid.*, p. 1023.
2. Georges Duby, *Le temps des cathédrales*, Gallimard, Paris, 1976, p. 86.

force d'âme. Les templiers sont loin, en effet, de résumer à eux seuls toute la chevalerie qui habite l'imaginaire des Occidentaux jusqu'à aujourd'hui. Se met en place, à partir du XIIe siècle, l'esprit de chevalerie[1] lié à l'esprit de croisade. « Celui qui avait combattu en Terre sainte portait l'insigne imaginaire de la *militia Christi*, les soldats du Christ, et qui était certainement, au XIIe siècle, celle de la véritable chevalerie[2]. »

On trouve une formulation de cet esprit de chevalerie dans un poème didactique du XIIe siècle *L'ordene de chevalerie* (*L'ordre de chevalerie*). Un chevalier franc y explique les rituels de la chevalerie à Saladin, ce qui n'est pas anodin et place, comme on l'a dit, la chevalerie sous le signe de la croisade. De même, le roman en prose *Lancelot du Lac*, écrit vers 1225, donne un aperçu assez complet de cet esprit de chevalerie :

> Au commencement, quand fut institué l'ordre de chevalerie, il fut prescrit à celui qui voulait être chevalier, et qui en avait reçu le don par droit d'élection, d'être courtois sans vilénie, débonnaire sans méchanceté, compatissant aux malheureux, large et prêt à secourir les indigents, disponible et prêt à confondre les voleurs et les assassins, juge équitable sans amour et sans haine : sans amour

1. L'esprit de chevalerie relèverait ainsi plus largement d'une « philosophie de l'esprit » au sens allemand du terme (*Philosophie des Geistes*).
2. Frances Gies, *Le chevalier dans l'histoire*, *op. cit.*, p. 75.

> pour ne pas favoriser l'injustice au détriment du droit, et sans haine pour ne pas desservir le droit au profit de l'injustice. [...] Ainsi pouvez-vous savoir que le chevalier doit être le seigneur du peuple et le sergent de Dieu. Il doit être le seigneur du peuple en toutes choses. Mais il doit être le sergent de Dieu car il doit protéger, défendre et maintenir la sainte Église[1].

L'esprit de chevalerie déborde du Moyen Âge, il caractérise un idéal de conduite intemporel. En témoigne l'apparition de l'adjectif « chevaleresque » au XVIIe siècle qui désigne une conduite faite de noblesse et de force d'âme, de courage, de générosité et de dévouement à une cause plus grande que soi. Si la figure littéraire qui incarne l'esprit de chevalerie a pour nom Perceval, cela n'est pas sans conséquences. Précisément, l'esprit de chevalerie consiste à « percer le val » : faire de sa vie une quête de l'indicible qui pose la question, cherche la réponse, « perce le val » et s'ouvre à l'invisible. Une quête qui accède à « l'Ouvert », cette déchirure dans la finitude du monde qui dépayse et où filtre le Mystère.

« De tous ses regards, le vivant perçoit "l'Ouvert"[2] », écrit Rilke.

Perceval est « le vivant » que nous deviendrons si nous nous ouvrons à l'invisible. La première question

1. *Lancelot du Lac*, Le Livre de Poche, Paris, 1991, p. 401-405.
2. Rainer Maria RILKE, *Élégies de Duino*, Insel, Leipzig, 1923, « Huitième élégie de Duino ».

que nous devons nous poser est celle du « où », reprenant ainsi la question originelle posée par Dieu à Adam dans le jardin d'Éden : « Où es-tu ? » Où est le Graal, où est Dieu, où est la voie qui mène à Dieu et au Graal ? Poser la question du « où », c'est ouvrir l'espace de la quête, c'est ménager la possibilité de l'Ouvert par où filtre la transcendance. C'est ne pas se résigner à errer sans fin dans le val ombreux d'une existence privée de Dieu. C'est pèleriner dans une Terre sainte devenue espace intérieur. C'est faire de sa vie une croisade, une mise en croix du sens qui est mystère. Mystère de la croix faite sur la réalité immédiate mais aussi sur nous-mêmes. La croix est marque du dépaysement et interstice de l'invisible. Certes, elle est lourde à porter car nous ne pouvons que succomber au trop-plein de sens qui s'échappe dans l'Ouvert[1]. Mais nous ne pouvons aussi que nous relever car, dans le chemin de croix de l'existence, la douleur des épreuves, qui se confond avec l'affermissement de l'amour, nous aide à progresser et à nous élever jusqu'au moment de la mort. Peut-être, au moment de la mise en croix finale, douterons-nous à notre tour, aurons-nous peur de basculer dans l'Ouvert. Mais une fois toute crainte dissipée, nous achèverons notre croisade intérieure. Nous serons au bord de la réponse à la question que n'a pas posée Perceval. À l'abri, dans la pénombre de notre âme.

1. Cf. Alphonse Dupront, *Le mythe de croisade*, tome III, *op. cit.*, p. 1610 : « Comme la croix, la croisade est passage. »

L'esprit de chevalerie, intemporel, recouvre les siècles. Un panthéon de chevaliers s'offre à nous qui trace l'architecture d'une histoire de France. Jacques de Longuyon, prenant modèle sur *La légende dorée* de Jacques de Voragine, avait, dans le roman en vers *Les vœux du paon* (vers 1312-1313), identifié neuf preux, païens, juifs et chrétiens, qui représentaient, à ses yeux, l'idéal de la chevalerie. Si je devais me livrer à la même tentative, ma liste serait plus longue, s'égrenant jusqu'à nous. Elle permettrait, en tous les cas, d'affirmer que l'esprit de chevalerie survit encore aujourd'hui malgré nos innombrables tourments. Alors qu'il exhorte sa compagnie à ne pas céder un pouce de terrain à l'ennemi, le lieutenant Charles Péguy du 276e régiment d'Infanterie est abattu d'une balle en plein front, le 5 septembre 1914, à Villeroy, non loin de Meaux, à la veille de la bataille de la Marne. Ses derniers mots, selon un témoin, auraient été : « Oh, mon Dieu, mes enfants ! »

Il est l'un des premiers héros, mort au champ d'honneur lors de la Première Guerre mondiale. Sa mort est l'aboutissement d'une longue croisade intérieure, commencée aux abords de la cathédrale de Chartres le 14 juin 1912, à la suite d'un vœu fait au chevet de son fils malade :

> J'ai fait un pèlerinage à Chartres. Je suis Beauceron. Chartres est ma cathédrale. Je n'avais aucun entraînement. J'ai fait cent quarante-quatre

> kilomètres en trois jours. Ah! mon vieux, les croisades, c'était facile! Il est évident que nous autres, nous aurions été les premiers à partir pour Jérusalem et que nous serions morts sur la route. Mourir dans un fossé, ce n'est rien, vraiment, j'ai senti que ce n'était rien. Nous faisons quelque chose de plus difficile. On voit le clocher de Chartres à dix-sept kilomètres, sur la plaine. De temps en temps, il disparaît derrière une ondulation, une ligne de bois. Dès que je l'ai vu, ç'a été une extase. Toutes mes impuretés sont tombées d'un coup. J'ai prié une heure dans la cathédrale, le dimanche matin[1].

Péguy meurt pour la France, et sa mort exprime sa foi chrétienne indistincte d'un attachement viscéral, charnel à la France :

> Heureux ceux qui sont morts pour la terre charnelle,
> Mais pourvu que ce fût dans une juste guerre.
> Heureux ceux qui sont morts pour quatre coins de terre.
> Heureux ceux qui sont morts d'une mort solennelle[2].

L'esprit de chevalerie est indissociable de la forte conviction que la France n'est ni un espace, un « hexagone », comme on dit aujourd'hui, ni une idée

---

1. Entretiens de Péguy avec Joseph Lotte par Henri Massis, *De l'homme à Dieu*, Nouvelles éditions latines, Paris, 1959, p. 440.
2. Charles Péguy, *Ève*, in *Œuvres poétiques complète*, tome VII, Gallimard, coll. « Pléiade », Paris, 1941, p. 664.

mais un être vivant, charnel, forgé par la mémoire des siècles et des générations. Il y a une vocation métaphysique de la France qui s'est nouée lors du baptême de Clovis et du sacre de Reims à laquelle est lié l'esprit même de la chevalerie et dont la figure de Jeanne d'Arc est, pour Péguy, l'incarnation. Le soldat ne meurt pas héroïquement au nom d'un patriotisme aveugle mais avec le sentiment qu'il donne sa vie à un pays dont la glèbe est mêlée d'invisible, de « surnaturel ». Car « le surnaturel est lui-même charnel[1] ». La force d'âme, pour Péguy, c'est avoir les deux pieds enracinés dans le sol de France et tenir le cap de l'invisible au cœur de la mitraille. C'est continuer à percer le val tout en défendant « la liberté du monde ».

De même, lors de la campagne de 1940, alors qu'il effectue une mission aérienne dangereuse sur Arras, Saint-Exupéry agit avec ce même esprit de chevalerie. Évitant les tirs de la DCA allemande, il se souvient du jeu de son enfance, « le jeu du chevalier Aklin » qui consistait, pour ses sœurs, son frère et lui à éviter, en courant, les premières gouttes de pluie d'un orage. Des décennies plus tard, aux commandes de son avion de reconnaissance, il est lui-même devenu le chevalier Aklin, accomplissant, malgré le risque, sa mission. Ainsi agira-t-il jusqu'au bout, effectuant, en dépit de son âge, des missions dangereuses au-dessus de la France pour finir par

1. *Ibid.*

disparaître au large de Marseille le 31 juillet 1944, sans doute abattu par un avion ennemi. Ce dernier vol qu'il fait tout pour accomplir, malgré les réticences de ses camarades et du commandement, m'a toujours interrogé. Je me suis souvent demandé quel était son état d'esprit lorsque, au petit matin, il s'installe à bord de son P-38 Lightning sur le terrain de Borgo-Bastia.

Je vois dans ce dernier vol, où il n'a pris aucune précaution, un saut dans l'Ouvert, une façon de percer le val, de parier sur Dieu et de solliciter l'inconnu[1]. Une manière chevaleresque d'aborder le mystère. Sans crainte, avec curiosité, avec une force d'âme où se mêle le dégoût pour une époque matérialiste, déjà robotisée, qui a oublié la sagesse et la poésie des jardiniers.

Je pourrais ajouter d'autres figures à ce panthéon de modernes preux : Honoré d'Estienne d'Orves, officier de marine, rejoint, en août 1940, le général de Gaulle à Londres. Envoyé en France occupée, utilisant un nom d'emprunt, il plonge dans l'anonymat et organise le réseau de résistance Nemrod qui établit, le 25 décembre 1940, la première liaison radio avec Londres. Trahi puis arrêté près de Nantes, il est exécuté au Mont-Valérien le 29 août 1941. Dans une lettre à sa sœur écrite la veille de sa mort, hostile à tout désir de vengeance, il réitère avec noblesse son

1. Cf. Michel FAUCHEUX, *Saint-Exupéry. La spiritualité au désert*, Salvator, Paris, 2022.

attachement à la foi chrétienne et son patriotisme : « Que personne ne songe à me venger. Je ne désire que la paix dans la grandeur retrouvée de la France. » L'amiral d'Argenlieu, carme et officier de marine devenu chef des forces navales françaises libres, mène, quant à lui, au nom d'une défense mystique de la France, une croisade impitoyable contre le nazisme. À Londres, la croix du Christ a pris, pour lui, l'apparence de la croix de Lorraine. Il est le nouveau croisé qui, reprenant son habit militaire, s'engage contre le mal. Et l'on n'a pas assez dit que, pour plusieurs combattants de la France libre, à commencer par de Gaulle lui-même, la lutte contre le nazisme possédait une dimension spirituelle. La jeune philosophe Simone Weil n'écrivait-elle pas alors : « La vraie mission du mouvement français de Londres est, en raison même des circonstances politiques et militaires, une mission spirituelle avant d'être une mission politique et militaire[1] » ? L'amiral d'Argenlieu, après avoir été, à la fin de la guerre, haut-commissaire en Indochine, retourne finalement à l'oubli volontaire du Carmel. Il meurt le 7 septembre 1964 au couvent des carmélites du Relecq-Kerhuon, dans la rade de Brest, non loin du port militaire. Les preux sont toujours de l'ombre.

Bien sûr, il ne faudrait pas oublier le général Leclerc (de son vrai nom Philippe de Hauteclocque), issu d'une lignée chevaleresque, qui rejoint Londres

1. Simone WEIL, *Œuvres. L'enracinement*, Gallimard, coll. « Quarto », Paris, 1991, p. 1161.

dès 1940 et libère Paris à la tête de la DB le 25 août 1944. Éduqué par les Jésuites, il est animé par une profonde foi chrétienne, priant ou lisant *L'imitation de Jésus-Christ* dans sa tente au Tchad lorsque, dans les sables d'Afrique, il poursuit le combat de la France libre. À la suite de la victoire de Koufra, le 2 mars 1941, il prête avec ses hommes le fameux serment de ne « déposer les armes que lorsque nos couleurs, nos belles couleurs, flotteront sur la cathédrale de Strasbourg » (ce qui sera fait le 23 novembre 1944). C'est là un exemple d'une belle force d'âme qui place le combat dans une perspective chrétienne. La cathédrale devient le lieu du sacre de la liberté. J'imagine que cette fois encore, dans la lettre envoyée à son épouse, il a écrit, comme il le faisait pour célébrer chacune de ses victoires, la mention « *Deo gratias* ».

De même, Geneviève de Gaulle-Anthonioz, guidée par sa foi chrétienne, entre à 19 ans en résistance, est déportée à Ravensbrück, puis s'engage dans une nouvelle forme de combat en luttant contre la pauvreté et la misère, devenant présidente d'ATD Quart Monde. Ses divers engagements manifestent une même et endurante exigence spirituelle : celle du combat en faveur de l'égale dignité des êtres humains. Cette résistante dans l'âme fait de sa vie un constant don de soi qui réclame discrétion et humilité. C'est lorsqu'on est l'égal des plus pauvres que l'on peut donner et s'élever en humanité.

Le prêtre Pierre Chaillet, quant à lui, se lève contre l'occupant nazi et crée les *Cahiers du témoignage chrétien*, prévenant dès le premier numéro : « France, prends garde de perdre ton âme[1] ! » Le combat, il le sait, est d'abord spirituel. Il s'agit de restaurer l'âme de la France car, précisément, la France n'est pas une entité vide. Maurice Schumann, porte-parole de la France libre à Londres, lui dira :

> Le jour où un missionnaire de la Résistance m'a mis votre *Témoignage* entre les mains, j'ai ressenti le même choc libérateur que le soir où, sur le chemin d'une retraite qui paraissait sans fin, la voix du général de Gaulle était parvenue jusqu'à moi[2].

À son tour, Pierre Chaillet, une fois l'œuvre de résistance menée à bien, s'effacera dans l'ombre et le silence.

Je n'oublie pas non plus Geneviève de Galard qui, descendante d'un compagnon d'armes de Jeanne d'Arc, est, pendant la guerre d'Indochine, la seule femme infirmière militaire présente au camp retranché de Diên Biên Phu jusqu'à sa chute. Elle y soigne avec dévouement, au risque de sa vie, blessés et malades. Ne cédant pas aux sirènes de la notoriété, elle demeure fidèle, à la fin de la guerre, au conseil d'Hélie de Saint-Marc, alors officier parachutiste

---

1. *Cahiers du témoignage chrétien*, n° 1, novembre 1941, p. 17.
2. « Père Pierre Chaillet », museedelaresistanceenligne.org, citant Renée Bédarida, in *Dictionnaire historique de la Résistance*, Robert Laffont, Paris, 2006.

du 11e Choc: «Laissez de côté toute propagande et publicité. Nos camarades n'ont besoin ni d'articles ni de films. L'histoire les jugera. Vous étiez avec eux, c'est suffisant[1].» La force d'âme se suffit à elle-même. Elle se mesure au jugement de soi et à celui de Dieu. Elle est incompatible avec un désir de reconnaissance sociale. Elle est d'ombre et d'effacement.

Le lieutenant-colonel Beltrame illustre, plus récemment encore, cette chevalerie de l'esprit, inséparable du sens de l'honneur et du sacrifice. Le 23 mars 2018, lors d'une attaque criminelle au Super U de Trèbes, il prend la place d'une otage et est assassiné par le terroriste après avoir tenté de le désarmer. Son geste prend source dans sa foi chrétienne et dans une vocation qui concilie métier des armes et fascination pour la vie monastique. C'est ce que soulignera son épouse Marielle: «Arnaud aimait côtoyer des moines, dont la vie ne pouvait que résonner avec la sienne, puisque, comme eux, il concevait son métier comme un engagement de toute sa vie à servir.» Comme les chevaliers croisés avant lui, il est un adepte des pèlerinages. Il se prépare au sacrement du mariage par de nombreuses visites à l'abbaye de Lagrasse. Son épouse résume bien cet esprit de chevalerie qu'il perpétue dans sa conduite qui le mène à la mort: «Son geste renvoie à plus grand que soi.» Il était un chrétien attaché à «une certaine ascèse pour retrouver l'essentiel». Il

1. Geneviève DE GALARD, *Une femme à Diên Biên Phu*, Les Arènes, Paris, 2003, p. 11-12.

« aimait partir seul une journée en pleine nature, dans le silence et le jeûne »[1].

La mort d'Arnaud Beltrame est exemplaire de la force d'âme. Mgr Romanet, évêque aux Armées, suggérera ainsi que le déroulement de ses obsèques lors de la Semaine sainte donne un sens particulier à ce sacrifice :

> Pour les chrétiens, la Semaine sainte qui s'ouvre ce 24 mars au soir par les vêpres des Rameaux est éclairée par le sacrifice et la mort d'un homme habité par le Christ. Un geste d'offrande, de don, de paix, d'humanité, de dépassement. Arnaud Beltrame a fait vendredi, avec le sacrifice de sa vie, descendre un rayon du ciel sur la terre. Et il a élevé le monde, en semence d'éternité[2].

De fait, Julie Grand, l'otage qu'il a libérée, confiera, quelques années plus tard, qu'elle a trouvé Dieu parce que la foi ayant guidé l'acte d'Arnaud Beltrame est devenue pour elle un appel à croire : « C'est la foi que portait en lui Arnaud Beltrame qui m'a amenée à trouver Dieu. Je me suis dit que, si cet homme d'exception croyait en Dieu, alors il fallait que j'aille voir ce qu'il en était[3]. »

---

1. Les citations de Marielle Beltrame sont empruntées au site arnaud-beltrame.fr.
2. Agnès Pinard Legry, « Arnaud Beltrame a cherché le Christ », Aleteia, 26 mars 2018.
3. « Arnaud Beltrame, catholique converti à l'âge adulte », arnaud-beltrame.fr. Cf. aussi Julie Grand, *Sa vie pour la mienne*, Artège, Perpignan, 2024.

Il y a, autour de nous, d'innombrables héros de l'ombre. Il y a ce soldat inconnu, « mort pour la patrie », dont la tombe, sous l'Arc de Triomphe, à Paris, commémore le sacrifice de l'ensemble des soldats emportés par la guerre. Il y a ces innombrables héros cachés du quotidien aux motivations multiples dont nous ne célébrerons jamais la gloire. Les périodes de crises (crises sociales, politiques ou sanitaires) agissent comme des révélateurs. Notre société est remplie de héros cachés qui ne réclament aucune reconnaissance : leurs actes sont animés par une préoccupation et un amour d'autrui qui prennent source dans un humanisme multiforme, souvent ignorant de ses racines chrétiennes.

Il y a peu, Henri d'Anselme, pétri de foi catholique, après avoir mis en fuite, le 8 juin 2023, au péril de sa vie, un assaillant qui voulait s'en prendre à des bébés dans l'aire de jeux d'Annecy, affirmait que tout Français aurait fait la même chose que lui : il refusait par conséquent d'être qualifié de « héros ». Le jeune homme illustre cependant l'esprit intemporel de la chevalerie :

> J'ai la chance de venir d'une famille très engagée militairement au service de la France du côté paternel, et d'être issu du côté maternel d'une noblesse de campagne avec un grand-père toujours maire en exercice d'une commune. Ce dernier m'a toujours dit : « La plus belle seigneurie est la seigneurie de soi-même. » Le scoutisme m'a

> nourri de l'idéal chevaleresque et ma famille m'a irrigué de l'histoire de France. Il ajoutait : « De toutes les vertus, la plus importante me paraît être le courage… Et pratiquer ce courage, c'est peut-être cela l'honneur de vivre. »[1]

Recevant en février 2024 la Légion d'honneur des mains de son grand-père, il situe à nouveau son acte dans la tradition chevaleresque, « dans la droite ligne de ce que l'ordre de Saint-Louis demandait à ses chevaliers à l'époque, et ce que la Légion d'honneur a élargi et transmis à partir du XIXe siècle ». Henri d'Anselme aide à préciser ce que peut être aujourd'hui l'esprit de chevalerie : un acte de courage mais aussi un acte de transmission, de défense d'un héritage, celui de « l'âme de la France » qui n'est pas un espace indéfini, une figure géométrique privée de culture, de tradition, de grandeur, de beauté, de spiritualité. La Légion d'honneur « m'engage à continuer le combat de la beauté et de l'unité, qui est le message de nos cathédrales. Elle me conforte dans l'idée que transmettre cet héritage, c'est en réalité faire vivre l'âme de la France. Elle m'encourage dans l'observation qu'il existe dans notre pays un esprit rebelle de fidélité radicale aux grandes choses, aux belles épopées. Mais qui sait surtout les discerner et les mettre en valeur[2] ».

---

1. Cf. Nicolas CHOTARD, « Henri d'Anselme, une âme chevaleresque », lys-de-france.org.
2. Agnès PINARD LEGRY, « Elle "m'honore et m'engage" : le héros au sac à dos reçoit la Légion d'honneur », Aleteia, 2 février 2024.

La chevalerie est à la fois un combat de l'âme, livré à force d'âme, mais aussi, aujourd'hui – et cela est nouveau –, un combat pour l'âme. Il s'agit bien, en effet, de s'opposer de toutes nos forces à une civilisation technologique et matérialiste qui, mettant en avant l'instinct de mort, éradique la culture, efface les nations, déracine et fait table rase du passé au nom d'un « éveil » trompeur, nous prive d'âme pour mieux promouvoir un nouvel être-machine déterritorialisé, post-humain, en forme de cyborg. Il y a un combat vigoureux à mener pour refuser un avenir de barbarie où nous perdrions notre âme tout comme celle de la France. Il y a à résister à force d'âme pour sauver notre âme.

4

La grâce du sacrifice

La force de l'âme se nourrit de la foi en Dieu. Elle permet de résister à l'intolérable, de ne pas se détourner du sacrifice. Innombrables sont, dans l'histoire de la chrétienté, les martyrs et les saints qui ont enduré le sacrifice. La mystique, parce qu'elle est amour de Dieu, embrase l'âme. Elle incendie l'être. Elle est aventure de la foi qui prend un sens particulier lorsqu'elle se conjugue avec l'esprit de chevalerie.

Le courage des béguines

Pour Hadewijch d'Anvers, béguine brabançonne du XIIIe siècle, vraisemblablement de naissance aristocratique, mystique et poétesse, il convient de s'aventurer en soi-même pour parvenir à Dieu et de se dépouiller, ce qui est source de tourments mais affûte l'être et le ramène à son essence. La connaissance de Dieu est épreuve difficile qui conduit à la mort de soi, prélude à une nouvelle naissance. L'amour est un combat que l'on doit mener contre soi-même pour s'ouvrir à l'Amour qui se dérobe, ce qui exige une force d'âme semblable à celle du chevalier, cette capacité à affronter l'échec et le désastre où se forge l'honneur de soi :

> Les âmes fières
> Qui affrontent l'Amour
> Ont une pensée droite et pure :
> « C'est ici que la victoire m'attend. »
> Je veux gagner. Que Dieu m'accorde
> Ce qui convient au seul Amour.
> Mais si tel est son bon plaisir
> Le désastre sera mon honneur.
> Mais vous tous qui désirez l'Amour
> Tentez l'aventure[1].

L'existence est un val de l'ombre, une forêt épaisse qu'il s'agit de traverser tel Perceval, un exil de Dieu exigeant un dépouillement qu'il faut affronter avec courage pour renaître et devenir l'Amour.

> Qui veut goûter cet Amour véritable
> dans la quête ou la découverte
> ne doit suivre ni voie ni sentier.
> Errant à la recherche de la victoire d'Amour
> par monts et par vaux, au-delà
> des vaines consolations, des peines, des tourments,
> hors des chemins de la pensée humaine,
> le puissant cheval d'Amour l'emporte[2].

---

1. Hadewijch d'Anvers, *Une femme ardente*, Seuil, coll. « Points-Sagesses », Paris, 2012, p. 20.
2. *Ibid.*, p. 66.

La force chevaleresque est alors expérience intérieure, combat de soi avec soi permettant d'accéder à l'Amour qui est ouverture à Dieu.

Pour la béguine Marguerite Porete (1250-1310), la mystique conduit en droite ligne au sacrifice physique. Son livre *Le miroir des âmes simples et anéanties*, construit sous la forme d'un dialogue théâtral entre des personnages allégoriques, prend appui sur le *Roman d'Alexandre*, recueil de légendes rapportant les exploits d'Alexandre le Grand, composé en grec au IIIe siècle et très répandu au Moyen Âge. Le livre de Marguerite Porete invite à une expérience mystique radicale qui, comme le suggère le titre, est anéantissement de l'âme devenant, en sept étapes de détachement, ce que Dieu est. La force d'âme conduit, paradoxalement, à un anéantissement de l'âme qui n'est pas sa négation mais son assomption, sa réalisation en Amour et en Dieu.

« L'accomplissement de mon œuvre, c'est de toujours ne rien vouloir. Car pour autant que je ne veux rien, je suis seule en lui, sans moi, et toute libérée ; alors qu'en voulant quelque chose, je suis avec moi, et je perds ainsi ma liberté[1]. »

Radicalité, dépouillement de l'âme, adresse directe d'une femme à Dieu, courage de nature chevaleresque intégré dans la pratique mystique, voilà qui déchaîne les représailles de l'Église. Arrêtée en 1308, conduite

1. Marguerite PORETE, *Le miroir des âmes simples et anéanties*, introduction de Max Huot de Longchamp, Albin Michel, Paris, 1984, p. 116.

devant l'inquisiteur de Paris Guillaume Humbert, confesseur du roi Philippe IV le Bel et futur meneur du procès intenté contre les Templiers, Marguerite Porete est jugée hérétique et relapse. Condamnée au bûcher le 31 mai 1310, elle est brûlée vive en place de Grève le lendemain.

Le sacrifice des carmélites

Je voue une admiration particulière aux carmélites de Compiègne dont Gertrud von Le Fort a loué le sacrifice dans une nouvelle, *La dernière à l'échafaud* (1931). Georges Bernanos s'en inspirera pour écrire ses *Dialogues des carmélites* adaptés au cinéma en 1960 par Philippe Agostini et Raymond Léopold Bruckberger sous le titre *Le dialogue des carmélites*.

Le 17 juillet 1794, les seize carmélites du Carmel de Compiègne sont condamnées à mort par le Tribunal révolutionnaire pour « fanatisme » et « sédition » puis exécutées. L'acte d'accusation a été rédigé par Fouquier-Tinville. Quelques lettres imprudentes, critiques à l'endroit de la Révolution, ont servi de prétexte à leur arrestation. Cette épreuve va devenir pour les carmélites le moyen d'éprouver et de célébrer leur foi, une invitation courageuse au sacrifice. Emprisonnées dans leur ancien couvent de la Visitation devenue prison, elles continuent à appliquer la règle de vie du Carmel, pratiquent les différents offices, de jour comme de nuit, récitent les prières quotidiennes. « Bien qu'à peine esquissé, ce tableau d'une vie de prison nous révèle l'âme des carmélites. La grâce, de plus en plus, les transformait, les surnaturalisait. Et, comme leurs frères et leurs sœurs de l'Antiquité chrétienne, elles souriaient, dans leur cachot, à la mort sanglante qui les guettait[1]. »

La veille de leur mort, elles célèbrent la fête de Notre-Dame du Mont Carmel avec l'entrain de femmes qui se préparent au mariage. Elles sont guillotinées le lendemain « place du Trône-renversé » (l'actuelle place de la Nation). Le courage des carmélites qui savent qu'elles vont à la mort livre une facette supplémentaire de la force d'âme. Si celle-ci a rapport à l'amour, elle est aussi source de joie.

> C'est donc en chantant que les carmélites se préparaient à mourir, non pas en se drapant de ce dédain ou de cette insouciance dont se paraient alors nombre de gentilshommes allant à la guillotine, et qui en montaient les degrés avec la même solennité que, naguère, les escaliers de Versailles. Elles apercevaient déjà ces clartés d'en haut, dont elles posséderaient bientôt la pleine lumière[2].

Tout au long du chemin qui mène de la prison de la Conciergerie au lieu de leur supplice, vêtues de leur manteau blanc de religieuses, une fois hissées sur la charrette, elles entonnent des cantiques. La

1. Dom Louis DAVID, *Les seize carmélites de Compiègne. Leur martyre et leur béatification*, H. Oudin éditeur, Paris, 1906, p. 97.
2. *Ibid.*, p. 106-107.

mort scelle leur mariage avec le Christ ; le martyre est leur couronnement.

> Un témoin a déclaré qu'elles semblaient « des fiancées allant à leurs noces », tellement la joie irradiait leurs visages. [...] Aussi s'avançaient-elles vers le lieu de leur martyre – un témoin l'a dit encore –, pareilles à « des reines allant recevoir leur diadème », parmi les splendeurs d'un couronnement[1].

Dans une Révolution qui théâtralise la politique en spectacle atroce et macabre lors de l'épisode de la Terreur, elles mettent en scène leur mort dans une cérémonie édifiante. Leur force d'âme est celle d'une religion qui engendre des martyrs et métamorphose la mort en noces avec le Christ. Allant joyeusement au sacrifice, elles se comportent différemment des prêtres qui, eux, se réfugient dans la récitation austère des psaumes de pénitence. « Ils célèbrent leurs propres funérailles alors que les religieuses vont à leurs noces[2]. » Elles consacrent leur vie à Dieu jusqu'au bout, prononçant à nouveau leurs vœux de religion face à l'édifice de la guillotine qui devient leur moderne croix : « Car leurs vies sont consacrées. Avec la confiance en Dieu, avec la dévotion au Sacré-Cœur, la fidélité aux vœux (on pourrait même parler

---

1. *Ibid.*, p. 120.
2. Jean DE VIGUERIE, « La résistance des religieuses à la persécution révolutionnaire. Contribution à l'histoire de l'héroïsme féminin », *Bulletin* B 34, Société historique de Compiègne, 1995, p. 93.

d'un esprit de consécration) est l'un des éléments les plus importants de la spiritualité des religieuses[1]. » Les carmélites de Compiègne font de leur existence une croix qui leur permet de revivre le sacrifice du Christ. Elles « se croisent » pour « apaiser la colère de Dieu » devant la folie sanguinaire et destructrice des hommes comme la mère supérieure, Thérèse de Saint-Augustin, leur enjoint de le faire en accomplissant un acte de consécration.

Une fois au pied de la guillotine, les carmélites s'agenouillent et entonnent le *Te Deum*, « le solennel cantique de l'action de grâces et des heures de victoire. Car c'est bien, en effet, un triomphe qu'elles vont remporter sur la chair et sur le monde, le triomphe de la foi et de l'amour[2] ». Elles renouvellent leurs vœux puis entonnent le *Veni Creator*. Il est 20 heures. Le bourreau fait son office. Les carmélites sont exécutées les unes après les autres, celles qui restent continuant à chanter. La première des guillotinées est une novice, sœur Constance de Jésus, qui, après s'être agenouillée devant la mère supérieure, lui demande la permission de mourir. En montant les marches de l'échafaud, elle entonne le *Laudate Dominum*, comme si, une fois au Ciel, elle allait fonder une nouvelle communauté. La mère supérieure est la dernière à être décapitée.

1. *Ibid.*, p. 95.
2. Dom Louis David, *Les seize carmélites de Compiègne. Leur martyre et leur béatification*, *op. cit.*, p. 121.

Les dépouilles des carmélites sont jetées dans une fosse commune du cimetière de Picpus. Ce sacrifice n'est pas simplement marque de courage et de constance. Il a la qualité indéfinissable et mystérieuse de la grâce. Il restaure l'âme dans le désert produit par les hommes. Peu de temps après, le 28 juillet 1794, Robespierre est guillotiné et s'achève alors la Terreur.

Il n'est pas inutile de remarquer que l'un des personnages (fictif) de Bernanos se nomme « Blanche de la Force ». Cette jeune aristocrate parisienne, qui a réussi à échapper à l'arrestation des autres sœurs, finit par rejoindre sa communauté et, reprenant une ultime fois le chant commun des religieuses, est guillotinée à son tour. Elle est, comme son nom l'indique, l'allégorie de la force d'âme.

La force des témoins

Cette grâce, je la trouve aussi dans l'acceptation du danger et de la mort dont témoignent les moines de Tibhirine (qui, en berbère, signifie « les jardins ») où s'est installée depuis 1938 une communauté de moines trappistes. Pris dans la guerre civile qui dévaste l'Algérie au cours des années 1990, les sept moines sont demeurés dans le monastère Notre-Dame de l'Atlas pour témoigner du message chrétien et soigner la population des alentours. Ils sont enlevés dans la nuit du 26 au 27 mars 1996 et décapités, selon la version officielle, par un groupe du GIA, le 21 mai suivant, subissant la mort de saint Jean Baptiste. Leurs têtes seront retrouvées à quatre kilomètres au nord-ouest de la ville de Médéa.

Par leur sacrifice, les moines de Tibhirine témoignent de la vérité du message chrétien : l'amour de l'autre peut obliger à vivre le sacrifice de la Croix. Ils sont des « martyrs », au sens étymologique : des témoins (martyr en grec, *μάρτυρ*, signifie « témoin ») d'amour et de résurrection, comme le suggère l'académicien Jean-Marie Rouart : « Ils ont retourné l'arme de leur bourreau pour tenter d'ouvrir son cœur à l'amour qu'il n'a pas connu. Ainsi de leur mort naît la vie, une infime chance de vie spirituelle[1]. »

L'amour de l'autre est inséparable de l'enracinement dans une communauté humaine et un lieu géographique. La foi est attache à des êtres, un paysage, une architecture, un jardin. Frère Christophe, l'un des moines de Tibhirine chargé de la liturgie, est aussi le poète et le jardinier du monastère. Chaque jour, avec Ali, Moussa, Youssef, Mohammed ou Salim, il cultive les légumes qui sont vendus au marché et les fruits qui servent à confectionner des confitures. Le jardin de Tibhirine est le contraire de la terre gaste, il n'est pas non plus, telle la forêt, le lieu du recours. Il est le lieu de la sainteté, le

1. Jean-Marie Rouart, « Les moines de Tibhirine. Discours sur la vertu », séance publique annuelle de l'Académie française, 6 décembre 2001.

lieu d'origine où s'entend le pas de Dieu: « Habiter Tibhirine – habiter tes jardins: à partir de toi qui viens[1]. » Jardiner, c'est, dans la familiarité humble et sereine avec Dieu, répondre à son appel. Et être prêt à tout. « Au jardin. Je suis appelé là. Je ne sais où mon Bien-Aimé veut en venir. Je "sais" de moins en moins[2]. »

Le jardin est l'accomplissement de la forêt car le jardinage sanctifie le lieu. « Avec Mohammed cet après-midi, on a parlé fumier, labours. [...] Ce lieu est saint. Lieu d'adoration vraie dans le souffle du Nazaréen », note frère Christophe dans son journal. Mais le jardin est aussi le lieu qui prépare au sacrifice: Gethsémani au bord de l'Atlas. Lorsque, à Noël 1993, le monastère reçoit la visite d'islamistes armés, caché dans une cave jusqu'à ce que les cloches annoncent les vigiles de Noël, frère Christophe comprend que le vrai courage est d'ombre et pousse à s'anéantir, comme le suggérait la béguine Marguerite Porete: « Mon monastère est l'endroit où je disparais du monde en tant qu'objet d'intérêt, dans le but d'être partout dans le monde par ma vie cachée et

1. Christophe LEBRETON, *Le souffle du don, journal du frère Christophe, moine de Tibhirine. 8 août 1993-19 mars 1996*, Bayard, Paris, 1999, p. 122.
2. Lettre de Christophe à frère Didier de Tamié, mai 1990. Cette citation et les citations de frère Christophe qui suivent sont empruntées à la belle thèse de théologie de Marie-Dominique MINASSIAN, *La spiritualité de frère Christophe, moine de Tibhirine. Éléments d'une théologie du don*, Université de Fribourg, Fribourg, 2007.

ma compassion. Pour être partout présent, je dois n'être plus personne. »

La force d'âme conduit à ne plus faire cas de sa vie, à faire croix sur soi-même : « Comment se donner si je ne cesse d'être en souci de moi ? » À se désencombrer de soi par amour d'autrui dans une expérience renouvelée de la Passion. « Parmi nous, je crois que nul ne fait cas de sa vie. Quel désencombrement pour une communauté. » Alors, la force d'âme, parce qu'elle confine à la grâce, devient force de témoignage : de la présence de Dieu en l'homme, de l'amour du Christ pour chacun.

L'amour, lorsqu'il est témoignage de Dieu, peut terrasser autrui. Et faire naître l'amour chez l'adversaire. Il maintient la possibilité de l'Ouvert. Sans doute y a-t-il là une persistance de l'esprit de chevalerie.

5

Le Roi-Christ

Godefroy de Bouillon était l'un des neuf preux énumérés par Jacques de Longuyon. Je le classerai à part dans la liste de figures qui peuvent incarner l'esprit de la chevalerie. Il illustre, par sa fonction sociale et sa conduite, « une royauté christique ». La force d'âme se conjugue alors avec l'exercice du pouvoir à l'époque médiévale.

Rois en Terre sainte

Godefroy de Bouillon est, au XIe siècle, l'un des premiers à répondre à l'appel à la croisade lancé par Urbain II. Pour ce faire, il se dépouille de tous ses biens pour financer son départ. Il incarne, à lui seul, « l'extraordinaire » de la croisade, ce vent de l'Esprit qui emporte les êtres, les allège d'eux-mêmes, de leurs possessions matérielles, de leurs hésitations, de leurs petitesses, et leur donne la sensation de « vivre un univers de correspondances où la conscience de leurs actes est lue en l'exemple du Christ[1] ».

Godefroy, dès lors, vit son existence comme un chemin de croix, demeurant ainsi fidèle au Christ. Se croisant, il fait une croix sur sa vie passée et met en croix son existence. Le 15 juillet 1099, la ville de Jérusalem tombe aux mains des croisés au prix du massacre effroyable de la population juive et musulmane. Bien que n'ayant pas participé à la tuerie, en signe de pénitence, Godefroy de Bouillon abandonne ses armes et ôte sa cotte de mailles. Vêtu d'une simple tunique, pieds nus, il effectue toutes les stations du chemin de croix de la Via Dolorosa. Il veut ainsi se repentir, au nom de tous ses compagnons d'arme, de l'abomination qui a été commise, tout en rendant grâce à Dieu de la délivrance de Jérusalem. Il n'y a pas, à ses yeux, de victoire sans contrition, de succès sans dénuement, de gloire sans humilité. Voici comment Albert d'Aix, dans la chronique sur la première croisade et les États latins d'Orient, rédigée dans la première partie du XIIe siècle, rapporte les événements :

> Tandis que tout le peuple chrétien […] faisait un affreux ravage des Sarrasins, le duc Godefroy, s'abstenant de tout massacre, […] dépouilla sa cuirasse […], s'enveloppant d'un vêtement de laine, sortit pieds nus hors des murailles et, suivant l'enceinte extérieure de la ville en toute humilité, rentrant

1. Alphonse DUPRONT, *Le mythe de croisade*, tome III, *op. cit.*, p. 1405.

> ensuite par la porte qui fait face à la montagne des Oliviers, il alla se présenter devant le sépulcre de notre seigneur Jésus-Christ, fils du Dieu vivant, versant des larmes, prononçant des prières, chantant des louanges de Dieu et lui rendant grâce pour avoir été jugé digne de voir ce qu'il avait toujours si ardemment désiré[1].

Fidèle au Christ qui n'avait qu'une couronne d'épines, Godefroy de Bouillon refuse la couronne d'or de roi de Jérusalem qui lui est proposée. Il se contente du titre d'avoué du Saint-Sépulcre et de la charge de baron car la Terre sainte ne peut appartenir qu'au Christ. Il meurt peu de temps après, le 18 juillet 1100, ayant accompli sa tâche de souverain. Si seul le Christ peut être roi, Godefroy de Bouillon, tout en n'ayant pas le titre de roi lui-même, par sa conduite faite de courage et d'humilité, érige la royauté au plus près de Lui. La royauté du Christ devient le modèle de la royauté humaine.

La foi dirige vers le Ciel et s'enracine dans le sol. La Terre sainte forge l'âme. Riche des trois grandes religions monothéistes qui se côtoient et se mêlent dans la ville de Jérusalem, elle oblige à méditer sur nous-mêmes et l'extraordinaire de l'existence. Le mont des Oliviers d'où l'on peut voir la ville de Jérusalem oblige à s'interroger sur le Mystère. Je me souviens de ce matin du 25 décembre 2007

1. Michel Parisse, « Godefroy de Bouillon, le croisé exemplaire », *L'Histoire* n° 47, juillet-août 1982.

où, avec Danielle, après nous être promenés dans le jardin des Oliviers, nous étions montés au cimetière juif qui domine la ville sainte. Il était 10 heures du matin. Les églises de Jérusalem carillonnaient à toute volée. Nous sommes demeurés silencieux, écoutant ce que nous prenions pour une musique des sphères en ce jour si particulier. Écrasés par la beauté du paysage de ce matin de Noël ensoleillé, nous nous tenions immobiles entre les tombes du vieux cimetière qui, dans l'Ancien Testament[1], est le lieu où le Messie ressuscitera les morts. Nous étions dépaysés, nous étions submergés par le Mystère. Je suis allé de nombreuses fois en Israël, j'ai vécu plusieurs mois à Haïfa lorsque je faisais des recherches au Technion. J'ai arpenté avec Danielle les lieux saints, traversé la vieille ville de Jérusalem de part en part au point que les marchands s'amusaient de nous voir passer et repasser devant eux. Jérusalem est la ville où l'on frôle dans chaque recoin le trop-plein de sens qui borde l'existence. L'invisible n'est pas abstraction, il s'approche, se touche, se caresse, il est gravé dans la mémoire de la pierre ou celle d'une relique, parfois incongrue, vraie ou fausse, peu importe. La Terre sainte, pour le Moyen Âge comme pour nous, demeure le lieu où le Mystère prend toute sa force, aimante toutes les énergies, attire notre attention.

« Je suis de mon enfance. Je suis de mon enfance comme d'un pays », écrivait Saint-Exupéry dans

1. Cf. Za 14, 4.

Pilote de guerre. Peut-être faudrait-il, à ce moment de mon livre, que je fasse à nouveau retour à mon enfance et que j'ajoute aux feuilletons de télévision déjà cités, celui, en couleurs, de *Thibaud ou les croisades*, diffusé pour la première fois en 1968. Le héros, Thibaud, né d'une mère musulmane et d'un baron franc, est le « chevalier blanc » qui parcourt le désert, flottant dans des vêtements immaculés et aériens, comme porté par le vent de la foi. Sans doute s'imprimait alors en moi la confuse certitude que « le pays d'Israël[1] » demeurait le nombril du monde où il convenait de toujours revenir (et, à cause de cela, le lieu des conflits et des tourments). Je n'ai cessé depuis de faire ainsi.

Plus encore que Godefroy de Bouillon, le roi lépreux de Jérusalem Baudouin IV me paraît être la figure christique par excellence. Malgré la maladie de la lèpre qui le ronge très tôt, Baudouin IV se maintient au pouvoir. Âgé d'à peine 16 ans, il vainc, avec l'aide de chevaliers du Temple, l'armée de Saladin, bien plus nombreuse, lors de la bataille de Montgisard en 1177. Devenu aveugle en 1183, transporté en litière, il continue à gouverner, préserve l'intégrité de son royaume, tente de déjouer les intrigues de succession qui se nouent immanquablement autour de lui alors que sa fin est proche. Il meurt de la lèpre le 16 mars 1185. Il n'a que 24 ans. Comment ne pas penser qu'une force intérieure hors du commun

1. 1 S 13, 19.

tenait debout ce jeune roi ? Comment ne pas penser qu'elle prenait source dans l'amour du Christ auquel il devait s'identifier ? Ce personnage si mal connu, rappelé à la mémoire des contemporains par le film *Kingdom of Heaven* (2005) de Ridley Scott, donne à l'exercice de la royauté une dimension christique qui, s'exerçant en Terre sainte, ne peut que nous fasciner aujourd'hui.

Une royauté christique

C'est bien Louis IX, Saint Louis, qui érige la royauté en exercice christique du pouvoir. Saint Louis, le roi souffrant qui se vit comme « prud'homme » plutôt que véritablement preux[1], est le dernier des croisés. Il s'engage dans la septième puis la huitième croisade, est fait prisonnier deux fois par les musulmans et meurt de maladie, le 25 août 1270, devant Tunis. Ces croisades, marquées par l'échec mais obéissant à un idéal véritable de sainteté, contribuent à donner au personnage une dimension christique. Pour Saint Louis qui, bien que souvent malade, cultive un ascétisme rigoureux, proche de la pratique monastique, la croisade est un difficile chemin de croix, source de maladie et de mort. La crucifixion du corps est

1. Saint Louis se veut davantage « prud'homme », c'est-à-dire courageux avec prudence et sagesse, que « preux », qui signifie le fait d'être de pur courage.

dévotion à la souffrance d'autrui, du peuple, des soldats, des malades et des pauvres. Mais la souffrance absolue, c'est d'abord celle du péché dont la lèpre devient la métaphore : « Vous devez savoir qu'il n'y a pas de lèpre aussi laide que d'être en péché mortel[1]. » Joinville, le biographe du roi, qui l'accompagne en Terre sainte lors de la septième croisade, ira jusqu'à regretter que la canonisation de Louis IX n'en ait pas fait un saint martyr :

> Et il me semble qu'on [n'en] fit pas assez quand on ne le mit pas au nombre des martyrs pour les grandes peines qu'il souffrit au pèlerinage de la Croix et aussi parce qu'il suivit notre Seigneur dans le haut fait de la Croix. Car si Dieu mourut sur la Croix, il fit de même car il était croisé quand il mourut à Tunis[2].

Quoi qu'il en soit, comme l'écrit Jacques Le Goff, « le grand modèle de Saint Louis, c'est donc le Christ souffrant, le Christ de la Passion, le Christ de la Croix. Le roi du XIIIe siècle, c'est le Christ crucifié portant la couronne[3] ». Revivant l'expérience du Christ, devenant martyr de la foi, érigeant sa vie en croix, Saint Louis va jusqu'au bout de l'expérience de la chevalerie et de la croisade. Il vit celle-ci sur le double plan du combat guerrier et de la spiritualité.

---

1. Jean DE JOINVILLE, *Histoire de Saint Louis*, cité in Jacques LE GOFF, *Saint Louis*, Gallimard, coll. « Folio », Paris, 1996, p. 1007.
2. *Ibid.*, cité in Jacques LE GOFF, *Saint Louis*, *op. cit.*, p. 1011.
3. Jacques LE GOFF, *Saint Louis*, *op. cit.*, p. 1008.

Son agonie puis sa mort scellent la fin des croisades. Il n'y aura plus désormais de croisade que dans une pure expérience intérieure. « Pour la postérité, il demeurera le dernier grand croisé. Après lui, l'aventure est finie. Ses expéditions sont à la croisade ce que "la mort du roi Arthur" est à la grande époque romanesque courtoise : un crépuscule des héros, une apothéose funèbre et quasi suicidaire[1]. »

C'est que la croisade en Terre sainte n'a plus de sens. Louis IX, en rachetant à prix d'or la couronne d'épines, ramène le Christ en France. « Ainsi Dieu choisit la France de préférence à toutes les autres nations de la Terre pour la protection de la foi catholique et pour la défense de la liberté religieuse », a déclaré le pape Grégoire IX dans la lettre adressée au roi Louis IX le 21 octobre 1239. Il poursuivait : « Le royaume de France est au-dessus de tous les autres peuples, couronné par Dieu lui-même de prérogatives extraordinaires. La tribu de Juda était la figure anticipée du royaume de France[2]. » Comme l'écrit Camille Pascal, « Dieu avait choisi la France et ses rois pour y construire la Jérusalem terrestre, tout comme il avait désigné Moïse pour le peuple élu et Salomon pour élever le Temple[3] ».

1. *Ibid.*, p. 896.
2. « Lettre de Sa Sainteté Grégoire IX à Saint Louis » (21 octobre 1239), disponible sur le site royaumedefrance.fr.
3. Camille Pascal, *Ainsi, Dieu choisit la France*, Artège, Perpignan, 2019, p. 155.

Il n'y aura donc plus désormais d'appel à se croiser. Seul demeurera un esprit de la croisade qui, se confondant avec celui de la chevalerie, constitue un idéal de conduite humaine en Occident. Il me semble que, dans le droit fil de l'héritage de Saint Louis, se situe la vie du général de Gaulle, nouvelle figure christique, tout entier dévoué à une idée altière, spirituelle, métaphysique de la France au risque de sa propre vie[1]. Il faudrait un livre entier pour démontrer cela. On peut cependant, pour s'en convaincre, lire le portrait de Charles de Gaulle tracé par la romancière Mary Borden qui, lors de la Seconde Guerre mondiale, est à la tête d'un groupe d'ambulancières et d'infirmières au sein des Forces françaises libres : « Il ressentait le déshonneur de son pays comme peu d'hommes peuvent ressentir quelque chose. Il avait littéralement pris sur lui, endossé cette honte comme le Christ les péchés du monde[2]. »

On comprend mieux alors la nature théologique et philosophique de la force d'âme. Tout intérieure, elle conjugue le courage et la faiblesse. Être fort, c'est savoir faire une croix sur soi, ériger sa vie en chemin de croix qui exige de l'abnégation et du

1. J'exclus volontairement de ma liste la figure de Napoléon qui, grâce au *Mémorial de Sainte-Hélène* de Las Cases, métamorphose son exil en passion christique. Il érige ainsi un mythe de lui-même qui imprègne tout le XIXe siècle mais a peu à voir avec l'exercice de la force d'âme qui oblige à faire une croix sur soi-même.
2. Philippe de Gaulle, *De Gaulle, mon père*, tome II, Plon, Paris, 2004, p. 215-216.

courage. Il faut pour cela beaucoup de foi et beaucoup d'amour. Amour du Christ, amour de Dieu, amour des hommes, amour de la patrie, amour de la France… tous placés sous le signe de la croix.

Dans une France médiévale où est né l'esprit de chevalerie, la croix devient un idéal de conduite humaine. L'esprit de croisade se confond avec celui de chevalerie. Tout chevalier doit faire une croix sur lui-même et métamorphoser sa vie en chemin de croix. Il doit pouvoir suivre les pas du Christ en partant en pèlerinage mais aussi se conformer à la vie du Christ qui se fait modèle et archétype d'existence. La croisade véritable se change en lutte contre soi-même, la croix faite sur une vie facile qui s'enferme dans le divertissement du quotidien et renonce à s'élever dans le combat pour l'esprit et le dépaysement par l'esprit.

L'esprit de la chevalerie est croisade. Il s'incarne dans l'aptitude à se « croiser ». La croisade ainsi comprise n'a rien à voir avec le sens usuel que l'on prête aujourd'hui à ce mot, privé de toute signification spirituelle, ne désignant qu'imposition à autrui, par la violence et le massacre, d'un ordre politique et économique mortifère dont l'histoire fourmille d'exemples, de la croisade menée par Pierre l'Ermite à la suite de l'appel du pape Urbain II, à celle dirigée contre les cathares en Languedoc, jusqu'aux formes modernes de colonialisme.

6

Le signe de croix

AVOIR foi et force d'âme, c'est veiller sur autrui, comme Marie Madeleine veille sur l'humanité, abîmée en prière dans une grotte de la Sainte-Baume, comme veille le chevalier dans la chapelle en attente d'être adoubé. Veiller, c'est combattre l'oubli, ne pas désespérer et, avec le courage de la foi, imaginer pour autrui, dans l'obscurcissement du quotidien, la lueur d'un futur à venir. Annoncer la possibilité de l'Ouvert.

À force de philosophie

La philosophe Simone Weil est la figure emblématique d'une force d'âme qui détermine un courage de l'action et de la pensée. Elle la transmue en principe philosophique qui structure sa pensée et sa vie, et place en continuité l'une et l'autre. Elle vise à lutter contre ses préjugés de façon à opérer une volte intellectuelle qui est aussi une métamorphose de l'âme privilégiant désormais l'amour et l'identification avec la misère d'autrui. Ainsi se détache-t-elle de ce qui alourdit inutilement l'existence : les biens, les faveurs sociales, les fausses ambitions... Mais se détacher, c'est faire du quotidien un chemin de croix, faire une croix sur soi et approcher ainsi le mystère de l'existence.

Voilà pourquoi certains de ses amis ou connaissances ont pu la comparer à un ange ou un archange. À leurs yeux, elle semblait posséder « une sorte de caractère "archangélique", une transcendance de l'intelligence qui n'admettait aucune compromission d'ordre physique ou affectif[1] ». À d'anciens camarades, elle « apparaît comme une sainte du Moyen Âge » : « Elle était vêtue de bure ; les pieds nus dans des sandales : dépouillée de toute préoccupation charnelle. »[2]

Pour Simone Weil, le principe philosophique du détachement ordonne la vie quotidienne :

> La réflexion suppose une transformation dans l'orientation de l'âme, que nous nommons détachement [...]. Le détachement est un renoncement à toutes les fins possibles sans exception [...]. Mais le détachement dont il s'agit n'est pas vide d'objet ; la pensée détachée a pour objet l'établissement d'une hiérarchie vraie entre les valeurs [...] :

1. Simone PÉTREMENT, *La vie de Simone Weil*, Fayard, Paris, 1997, p. 52.
2. *Ibid.*, p. 607.

> elle a donc pour objet une manière de vivre, une meilleure vie, non pas ailleurs mais en ce monde[1].

C'est ainsi que l'on doit comprendre son apparence négligée, inséparable de son personnage : d'une grande maigreur, elle se dissimule souvent dans une ample pèlerine, chaussée de simples sandales en plein hiver. Comme le dira le poète Jean Tortel, elle semble un « cône en laine noire, être absolument sans un corps ». Simone Weil se néglige parce qu'elle se détache de toute préoccupation d'apparence et s'efface devant Dieu. Ainsi, à une collègue qui lui conseille de changer un chemisier trop sale, elle répond, au bord des larmes : « Je ne peux pas[2]. »

De fait, toute l'œuvre et la vie de Simone Weil portent la marque du détachement : son œuvre philosophique, à l'exception de quelques écrits, n'est découverte qu'après sa mort ; quant à sa vie, elle est une croix faite sur elle-même qui la pousse à partager, à l'image du Christ, l'existence des plus déshérités. Agrégée de philosophie et ancienne élève de l'ENS, elle distribue son salaire, se nourrit peu, ne se chauffe pas. Elle abandonne sa condition sociale en devenant ouvrière chez Alsthom et Renault, en s'engageant, anonymement, aux côtés des combattants anarchistes de la colonne Durutti pendant la guerre d'Espagne (car rester à l'arrière

1. Cité in *ibid.*, p. 548-549.
2. Cité in Gabriella Fiori, *Simone Weil, une femme absolue*, Éditions du Félin, Paris, 1987, p. 12.

lui est « insupportable ») ou, une fois exclue de l'université par les lois antisémites de Vichy, en se faisant embaucher comme ouvrière agricole. Ayant rejoint la France libre à Londres en 1942, elle rédige son grand œuvre, *L'enracinement: prélude à une déclaration des devoirs envers l'être humain.* Mais elle n'a de cesse de vouloir partager les malheurs de la France occupée et tente, en vain, de rejoindre les réseaux de la résistance intérieure, sa santé étant de plus en plus défaillante. Souffrant de malnutrition, atteinte de tuberculose, elle décède d'une défaillance cardiaque le 24 août 1943, à l'âge de 34 ans, au Grosvenor Sanatorium d'Ashford dans le Kent. Elle est enterrée, dans un anonymat presque complet, au New Cemetery d'Ashford. Accompagnée seulement de sept personnes dont son ami Maurice Schumann, « la voix de Londres », elle est privée, comme en un ultime dépouillement, de la présence d'un prêtre car celui qu'on attendait a manqué son train. Un petit bouquet, attaché d'un ruban aux couleurs de la France, est jeté dans sa tombe par sa logeuse de Londres, Mrs Francis, veuve d'un instituteur.

Se détacher, c'est dépasser le rôle médiateur des anges et ne pas s'interposer entre l'homme et Dieu :

> Je dois me retirer pour que Dieu puisse entrer en contact avec les êtres que le hasard met sur ma route, et qu'il m'aime. Ma présence est indiscrète comme si je me trouvais entre deux amants ou deux amis. Je suis non pas la jeune fille qui attend

> un fiancé, mais le tiers importun qui est avec deux fiancés et doit s'en aller afin qu'ils soient vraiment ensemble. Si seulement je savais disparaître, il y aurait union d'amour parfait entre Dieu et la terre où je marche, la mer que j'entends… Qu'importe ce qu'il y a en moi d'énergie, de dons etc. J'en ai toujours assez pour disparaître[1].

Disparaître, se détacher, c'est ouvrir l'humanité à elle-même et à l'invisible. C'est mener une vie habitée par ce souci de l'ombre inséparable de l'esprit de chevalerie, d'où l'admiration que la philosophe porte à Lawrence d'Arabie, ce héros d'un autre temps qui, après avoir organisé la révolte arabe contre l'Empire ottoman pendant la Première Guerre mondiale et connu la célébrité, retourne à l'anonymat[2] en s'engageant comme simple soldat sous un nom d'emprunt dans la Royal Air Force puis au Royal Tank Regiment, avant de disparaître dans un mystérieux accident de moto.

C'est là un destin de chevalier égaré au XXe siècle dont le « recours aux forêts » ou, dans ce cas, au désert, se traduit par un acte appuyé de contrition et d'humilité. L'admiration de la philosophe pour

1. *Ibid.*, p. 79-80.

2. Cf. Thomas Edward LAWRENCE, *La matrice*, Gallimard, coll. « L'Imaginaire », Paris, 2006, p. 196 : « L'anonymat chaque année devient pour moi un plat plus précieux. Ce n'est qu'en cachant cette identité passée que je peux être traité avec simplicité, comme le commun des hommes ; je m'aperçois alors que je suis plutôt quelqu'un de moins utile que la moyenne de mon espèce. »

Lawrence est si forte qu'elle imagine qu'il n'est pas mort et se cache pour échapper définitivement à sa notoriété, devenant l'être transparent qui laisse les hommes en tête à tête avec Dieu :

> Elle pensait que la nouvelle de sa mort n'avait peut-être été qu'une fausse nouvelle, un bruit qu'il avait fait répandre lui-même pour disparaître, échapper à sa renommée, se retrouver plus inconnu encore que lorsqu'il s'était caché sous le nom de Ross, plus perdu dans la foule, seul et libre[1].

La force d'âme exige le retrait qui garantit la quête de soi. Le séjour que Simone Weil passe à l'abbaye de Solesmes du dimanche des Rameaux au mardi de Pâques 1938 scelle en elle la révélation du mystère de la Passion et marque son entrée dans le christianisme. Lorsqu'elle suit les offices religieux, elle fait l'expérience du lien de l'amour et du malheur que forge la mise en croix du Christ :

> J'avais des maux de tête intenses ; chaque son me faisait mal comme un coup ; et un extrême effort d'attention me permettait de sortir de cette misérable chair, de la laisser souffrir seule, tassée dans son coin, et de trouver une joie pure et parfaite dans la beauté inouïe du chant et des paroles. Il va de soi qu'au cours de ces offices, la pensée

1. Cf. Simone Pétrement, *La vie de Simone Weil*, *op. cit.*, p. 474.

de la Passion du Christ est entrée en moi une fois pour toutes[1].

Quelques années plus tard, à l'approche de Pâques 1942, alors qu'elle est en chemin vers l'abbaye d'En-Calcat pour écouter des chants grégoriens, elle se rend à Carcassonne pour faire la connaissance de Joë Bousquet, poète et grand blessé de guerre, cloué sur son lit de souffrances par une balle reçue à la colonne vertébrale. Elle arrive à son domicile vers 11 heures du soir. Leur discussion se poursuit jusque tard dans la nuit. Simone Weil fait part à l'ancien officier de son projet d'une formation d'infirmières de première ligne qu'elle souhaite proposer aux autorités de la Résistance et dont elle voudrait faire partie. La douleur, la souffrance, l'amour, le mystère de la Croix sont le trait d'union de cette rencontre.

Celle-ci sera unique mais scellera une véritable amitié et donnera lieu à un échange de correspondance que la philosophe ouvre en reprenant la question posée par Perceval au Roi pêcheur Anfortas[2] : « Quel est donc ton tourment[3] ? » S'identifie-t-elle ainsi à Perceval, plaçant directement sa conversion au christianisme sous le signe de la chevalerie ? Ne fait-elle pas plutôt référence à

1. *Ibid.*, p. 456.

2. Simone Weil fait référence ainsi au *Parzival* de Wolfram von Eschenbach.

3. Simone Weil, Joë Bousquet, *Correspondance (1942). « Quel est donc ton tourment ? »*, Éditions Claire Paulhan, Paris, 2019, p. 91.

Joë Bousquet lui-même, ce grand blessé de guerre qui a le malheur cloué dans sa chair[1] et dont elle admire la capacité, « donné[e] à très peu d'esprits », à « découvrir que les êtres et les choses existent »[2] et à nommer les maux qu'elle endure ?

> Il est donné à très peu d'esprits de découvrir que les choses et les êtres existent. [...] Cette découverte fait en somme le sujet de l'histoire du Graal. Seul un être prédestiné a la capacité de demander à un autre : « Quel est donc ton tourment ? » Et il ne l'a pas en entrant dans la vie. Il lui faut passer des années de nuit obscure où il erre dans le malheur, loin de tout ce qu'il aime et avec le sentiment d'être maudit. Mais au bout de tout cela, il reçoit la capacité de poser une telle question et, du même coup, la pierre de vie est à lui. Et il guérit la souffrance d'autrui[3].

Reprenant la légende du Graal, Simone Weil met à jour la vérité de la force d'âme qui oblige à nommer la souffrance pour la guérir, inséparable, en cela, de la passion du Christ. La force d'âme est,

1. Cf. *ibid.*, p. 140 : « Pour penser le malheur, il faut le porter dans la chair, enfoncé très avant, comme un clou ».
2. Dans sa seconde lettre, Joë Bousquet écrit : « Vous payez durement la rançon de vos qualités morales. Vous n'avez pas assez de confiance en vous-même » (*ibid.*, p. 102). Le tourment de la philosophe, outre ses maux de tête, est d'abord moral et dû à la violence dont elle doit user contre elle-même pour remettre en cause ses anciennes convictions et accueillir Dieu.
3. *Ibid.*, p. 91.

en effet, le contraire de la force physique destructrice de la guerre qui a immobilisé Joë Bousquet dans sa chambre. Spirituelle, elle est reconnaissance d'autrui et question qui lui est posée : elle est interrogation de la souffrance, refus de l'endormissement et de l'apathie sociale, résistance à l'ordre brutal, insupportable, du monde. Elle s'oppose à une force physique récurrente qui, précisément, est dépourvue d'âme.

Contraire à l'esprit de chevalerie, « l'empire de la force » revient éternellement, de la prise de Troie dans l'Antiquité à la croisade menée au début du XIIIe siècle contre la religion cathare en pays d'Oc ou à la guerre d'invasion menée par le Troisième Reich. Cette force, réduite à une pure violence physique, avilit. « Tout ce qui est soumis au contact de la force est avili. Frapper ou être frappé, c'est une seule et même souillure[1]. » La croisade contre les albigeois est, aux yeux de Simone Weil, l'utilisation de la force contre l'esprit, différente des croisades en Terre sainte qui favorisaient les influences mutuelles. « Si déplorables qu'aient été les croisades, du moins elles s'accompagnèrent réellement d'un échange mutuel d'influences entre les combattants, échange où même la part des Arabes fut plus grande que celle de la chrétienté[2]. »

---

1. Simone WEIL, « En quoi consiste l'inspiration occitanienne ? », in *Œuvres*, Gallimard, coll. « Quarto », Paris, 1942, p. 677.
2. *Ibid.*, p. 676.

La religion cathare qui prospérait, au Moyen Âge, dans la civilisation occitane était hostile à la force identifiée au mal. Elle défendait « la doctrine qui fait procéder du mal tout ce qui est du domaine de la force, c'est-à-dire tout ce qui est charnel et tout ce qui est social[1] ». Elle faisait une croix sur la force. Il y avait là un moyen d'« enclore cette Croix qui fut une balance où le corps du Christ fut le contrepoids de l'univers[2] », de pratiquer un jeu d'équilibre laissant place à l'amour courtois qui, proche de la grâce, ouvre à Dieu, donne accès à l'amour divin, inséparable de la douleur : « Cet amour divin qu'on touche tout au fond du malheur, comme la résurrection du Christ à travers la crucifixion, et qui constitue l'essence non sensible et le noyau central de la joie, ce n'est pas une consolation. Il laisse la douleur tout à fait intacte[3]. »

Je n'ai découvert les textes de Simone Weil sur « l'inspiration occitanienne » que sur le tard. Mais, pour avoir, de multiples fois, dans mon enfance et mon adolescence, grimpé au château de Montségur où, après un long siège, le 16 mars 1244, plus de deux cents croyants cathares furent brûlés pour ne pas avoir abjuré leur foi, j'ai été toujours sensible à cette violence destructrice et avilissante de la force brute. J'ai compris aussi qu'il y a une mémoire longue

1. *Ibid.*, p. 680.
2. *Ibid.*, p. 678.
3. *Ibid.*, p. 798.

du malheur. Encore aujourd'hui, des anonymes se réunissent chaque année pour célébrer l'anniversaire de la chute de Montségur qui résonne comme la fin du catharisme. Je sais aussi que le malheur suscite les légendes. Le mythe d'un Graal cathare dont le château de Montségur aurait été l'écrin subsiste jusqu'à aujourd'hui.

Simone Weil, à force de philosophie, fit la croix sur son existence pour approcher du mystère de la Passion, la vivre au plus près. À force d'âme, elle se frayait un passage dans l'Ouvert de l'Amour qui est résurrection.

Faire l'expérience de la Croix

Plongée dans les ténèbres du nazisme, témoin de l'obscurcissement de l'histoire et du sens, la philosophe et carmélite Edith Stein[1], victime de la Shoah, maintient intacte la vocation historiale de l'humanité : dire la possibilité de l'Ouvert. Il y a chez elle une force intérieure et un héroïsme de l'ombre à toute épreuve : alors que les nazis procèdent à un effacement minutieux des traces dans le processus industriel de « destruction des Juifs d'Europe »[2], elle maintient, par

1. Cf. annexe qui lui est consacrée en pages 129 à 131.
2. Cf. Raul Hilberg, *La destruction des Juifs d'Europe*, t. I, II, III, Gallimard, coll. « Folio Histoire », Paris, 2006.

ses écrits, la possibilité de la parole et rend présent le mystère de la Croix.

Le choix du Carmel qui suit sa lecture de Thérèse d'Ávila, *Vie écrite par elle-même*, est, pour Edith Stein, la voie qui permet d'orienter la vie vers l'intérieur. Il y a un infini en nous-mêmes que Thérèse d'Ávila identifie à un « château de l'âme ». C'est faire signe, par le biais de la métaphore, au registre médiéval de la chevalerie. Il faut faire le siège de soi-même et faire assaut pour parvenir jusqu'à Dieu. L'âme est un château dans lequel il faut pénétrer pour entrer en communion avec Dieu mais qu'il faut d'abord fortifier. Et j'imagine volontiers que le château du Roi pêcheur n'est pas sans lien avec le château intérieur de Thérèse d'Ávila. Tous deux contiennent Dieu en leur sein. Il faut savoir y entrer et poser « la question » pour redonner vie à la « terre gaste », la terre desséchée qui est en nous, et hâter sa métamorphose en Terre sainte s'éveillant au printemps de la Résurrection. Il y a chez Thérèse d'Ávila, comme chez Edith Stein, la persistance d'un esprit de chevalerie.

Déjà, à l'abbaye de Beuron, située sur les bords du Danube, devenue entre les deux guerres un centre important de spiritualité, Edith Stein passait de longues heures dans une silencieuse oraison à l'intérieur d'une chapelle peu fréquentée de l'abbatiale :

> « Il me sembla », écrit un prêtre qui fut le témoin de ce désir de retraite de la philosophe, « assister à la prière de l'Église primitive, celle que

les orantes figurent pour nous aux murs des catacombes. Edith me parut la vivante incarnation de cette prière que l'Église, debout et cependant déjà soulevée de terre, adresse à Dieu »[1].

Le retrait de la vie sociale, le face-à-face avec soi-même, l'exploration d'un « château intérieur » sont de l'ordre d'une aventure spirituelle courageuse qui reproduit la ferveur des premiers chrétiens.

L'entrée d'Edith Stein au carmel de Cologne en 1933 et sa prise d'habit le dimanche 15 avril 1934 sous le nom de « Thérèse-Bénédicte de la Croix » obéissent à ce souci de retrait qui se prolonge en anéantissement dans le « rien[2] » et rend possible l'accès à la « conversation silencieuse » avec Dieu. Le Carmel est une « haute montagne » difficile à escalader, à l'image du mont Carmel où le prophète Élie se confronte aux prêtres de Baal ou du mont Horeb où Moïse reçoit de Dieu le Décalogue, aux confins du désert : « *In via*, nous le sommes ici aussi, car le Carmel est une haute montagne qu'il s'agit de gravir jusqu'au sommet[3]. » La montagne est élévation parce qu'elle permet de descendre en soi. Le Carmel est une montée qui permet de s'approfondir : « Plus l'âme monte haut vers Dieu,

1. Élisabeth DE MIRIBEL, *Comme l'or purifié par le feu. Edith Stein, 1891-1942*, Cerf, Paris, 2012, p. 101.

2. Edith Stein prend pour phrase emblématique de sa prise d'habit au Carmel un passage de *La montée du mont Carmel* de Jean de la Croix : « Pour arriver à être tout, veillez à n'être rien en toutes choses. »

3. Lettre d'Edith Stein à sa sœur, in Élisabeth DE MIRIBEL, *Comme l'or purifié par le feu. Edith Stein, 1891-1942*, *op. cit.*, p. 153.

plus elle descend profondément en elle[1]. » Il est un moyen de forger la force d'âme et de la mettre à l'épreuve tout à la fois dans l'austérité, la pauvreté et la pénitence. « Dieu appelle les âmes au couvent pour les purifier comme l'or l'est par le feu et le marteau[2]. » Il y a un héroïsme chevaleresque de la foi.

Comme l'écrit magnifiquement Élisabeth de Miribel, secrétaire de Charles de Gaulle qui avait dactylographié, à Londres, l'appel du 18 juin, devenue biographe d'Edith Stein puis, un temps, carmélite, le dépouillement du Carmel souligne avec vigueur « la rupture de l'âme avec le monde visible, le goût du désert, mais ils ne révèlent pas la présence cachée au sein même du désert. Car le Carmel est une solitude pleine de Dieu[3] ». Et telle est la vérité des Évangiles : « Davantage peut-être que du culte, les Évangiles nous parlent de prière solitaire dans le silence de la nuit, sur un sommet de montagnes, dans le désert loin des hommes[4]. »

Le 2 août 1942, un dimanche, Edith Stein et sa sœur Rosa sont arrêtées au carmel d'Echt et transférées au camp de Westerbork. Elles y restent quelques jours avant d'être envoyées à Auschwitz où elles trouveront

1. Edith STEIN, *La puissance de la Croix*, Nouvelle Cité, Bruyères-le-Châtel, 2007, p. 112.
2. Edith STEIN, *Science de la Croix*, Éditions du Carmel / Cerf / Ad Solem, Toulouse / Paris / Genève, 2014, p. 425.
3. Élisabeth DE MIRIBEL, *Comme l'or purifié par le feu. Edith Stein, 1891-1942*, *op. cit.*, p. 155.
4. Edith STEIN, *La puissance de la Croix*, *op. cit.*, p. 90.

la mort. Edith Stein est gazée, comme tous les déportés de son convoi, à son arrivée au camp d'extermination, le 9 août 1942. Etty Hillesum, cette autre grande mystique d'origine juive qui, au cœur de la Shoah, déterre au plus profond d'elle le Dieu caché, travaille alors au service social d'aide du camp avant de disparaître à son tour. Elle a, sans doute, aperçu Edith Stein et sa sœur, peut-être même échangé quelques brèves paroles avec elles lors de l'enregistrement administratif. Dans ses *Lettres de Westerbork*, elle fait d'ailleurs allusion à cette « journée étrange » où des juifs catholiques sont arrivés au camp.

Que le dernier livre inachevé d'Edith Stein soit *Science de la Croix* qui analyse l'expérience mystique de Jean de la Croix permet de compléter ce que j'ai écrit jusqu'ici sur la force d'âme, même si, comme le pense la philosophe carmélite, la science dont il s'agit ne fait pas état d'une théorie, « mais d'une vérité vivante, réelle et efficiente, semblable à une semence, elle s'enfonce dans l'âme, y prend racine et se déploie, elle donne à l'âme une empreinte particulière et marque ses faits et gestes de sorte que ceux-ci la rayonnent et la laissent voir[1] ».

Se donner à Dieu, c'est faire l'expérience de la Croix, de la nuit obscure de la contemplation, de la mort de soi à soi. C'est faire l'expérience du Christ crucifié et fusionner avec la divinité, réaliser, en le gravant dans son âme et son corps, le mystère de

1. Edith STEIN, *Science de la Croix*, *op. cit.*, p. 99-100.

l'Incarnation. C'est faire l'expérience de la Résurrection, renaître dans l'Amour divin. « L'union sponsale de l'âme avec Dieu est ainsi le but pour lequel elle a été créée, union acquise par la Croix, accomplie sur la Croix et scellée par la Croix éternellement[1]. »

La force d'âme se forge dans l'expérience mystérieuse de la Croix. La Croix est la vérité de la force d'âme. Vivre en Dieu, c'est se mettre en croix, ne pas avoir peur de faire une croix sur soi-même par amour pour autrui et dans l'amour de Dieu. L'expérience de la Croix marie courage et négation de soi par amour qui fait naître en Dieu. Ainsi la nuit de la Croix précède-t-elle toujours le jour. Edith Stein nous apprend les Pâques de l'existence. Elle revit, dans sa chair et son âme, le sacrifice de la Croix. Mais surtout, elle maintient les droits de l'humanité au cœur du génocide industriel de la Shoah. En exterminant six millions de Juifs, en tentant d'éliminer le peuple témoin, en produisant des morts comme autant d'objets manufacturés, la Shoah met symboliquement à mort l'humanité pour laisser place à la machine, à la cybernétique, au robot et à l'intelligence artificielle, à notre civilisation numérique post-industrielle. J'essayais d'analyser ce processus dans un livre que j'écrivais au cours de mon séjour de plusieurs mois au Technion, la grande université technologique de Haïfa en Israël, il y a plusieurs années. Pour moi, aujourd'hui, dans ce processus

1. *Ibid.*, p. 416.

de destruction, Edith Stein est la grande figure qui nous oblige à lutter contre tous les promoteurs de l'obsolescence de l'être humain.

L'homme-croix

La force d'âme ne se comprend qu'à travers le mystère de la Croix : la capacité à lutter et résister contre l'inacceptable dans le monde mais aussi contre soi-même jusqu'à offrir le sacrifice de son existence. En ce sens, la croix que le pape Urbain II institue pour figurer sur le vêtement de tous ceux qui partent en croisade est un marqueur métaphysique. Nous sommes en croix dès lors que nous nous lançons dans une quête spirituelle, à l'assaut d'un château intérieur. Nous faisons croix sur nous-mêmes car nous sommes croix. La croix est le signe qui nous constitue. Le signe de croix n'est pas simplement un geste d'identification propre à la communauté chrétienne dès le IIe siècle, devenu ensuite symbole de la chrétienté lors de la conversion de Constantin au IVe siècle. Il est le marqueur et le révélateur métaphysiques de l'anatomie humaine. Nous faisons corps avec lui.

Lorsque le signe de croix s'élargit à partir du XIe siècle aux quatre côtés de notre anatomie (le front, la poitrine et les deux épaules, comme le recommande le livre de prière du roi Henri Ier de France), lorsque, au siècle suivant, la main tout entière et non plus trois doigts servent à se signer, c'est le corps humain tout entier qui devient croix. L'homme fait croix, il est croix. Son destin est de mourir sur la croix qu'il trace sur lui, qu'il est lui-même, puis de ressusciter.

La Croix est le signe de l'Ouvert qui nous est intérieur. L'homme est microcosme en forme de croix qui figure la Trinité, l'axe vertical de la croix symbolisant le lien du ciel et de la terre qui est Incarnation, l'axe horizontal symbolisant le passage de la mort à la vie qui est Résurrection. Nous sommes hommes-croix aux dimensions du cosmos (*κόσμος*).

Cette évolution du signe de croix est contemporaine de la formation de l'esprit de chevalerie et de l'intériorisation de la croisade devenue quête intérieure. L'être humain, en croix, est fondamentalement un « croisé » qui a pour but de « percer le val », ménager la voie de l'Ouvert dont la croix est l'instrument et le symbole. Comme l'écrit le père Michel Wackenheim :

> Oui, porter la main sur notre corps signifie que le mystère de la mort et de la résurrection de Jésus, et le mystère du Dieu trois fois saint, imprègnent notre être tout entier. Le corps du croyant devient le lieu privilégié de la présence de Dieu et de l'expression du salut. Autrement dit, ce signe est une épiphanie de la présence de Dieu au cœur d'un mouvement du corps[1].

1. Michel Wackenheim, « Par le signe de croix, Dieu se rend présent à notre être tout entier », *La Croix*, 4 mai 2021.

Telle est bien la vision de l'homme que livre, à la même époque, au XIIe siècle, la grande visionnaire Hildegarde de Bingen. Celle-ci, issue d'une famille noble du Palatinat, contemporaine de Bernard de Clairvaux, est sujette dès l'enfance à des visions dont la réalité est validée par le synode de Trèves (1148) et le pape Innocent III. Dans la deuxième vision du *Livre des œuvres divines* (1174), elle situe l'homme au centre de la Création mais aussi à l'intérieur de la Trinité. L'homme forme une croix qui donne son diamètre à la circularité divine, comme s'il la soutenait[1]. L'homme intérieur apparaît ainsi comme le partenaire de la Création. La croix qu'il forme est à la fois le pilier du monde et un trait tiré sur lui-même. Jeu de naissance et d'incarnation, de mort et de résurrection qui fait de nous des partenaires de la Création, d'un cosmos qui est ordre et beauté, ce qui nous oblige à fortifier toujours davantage notre âme, en aimant, priant, agissant pour autrui. Car l'âme est elle-même force, souffle de force cosmique :

> Par son souffle vital né de l'Esprit de Dieu, elle détermine la vie […], vivifie et soutient ce corps, grâce à ses énergies, de la même façon que les astres illuminent aussi le firmament, le maintiennent dans l'immobilité, comme ils illuminent et maintiennent ce point qui est placé au centre

1. Faut-il établir une relation entre cette vision et les croix anthropomorphes, trouvées dans le sud de la France, telle celle figurant sur la stèle discoïdale de Labarthe (sans doute du XIIIe siècle) ?

> du firmament par le Verbe de Dieu, nous voulons dire la Terre[1].

Si Dieu est en nous et si nous sommes en Dieu, si Dieu et l'homme se croisent, c'est que nous sommes principes actifs de la Création qui se continue à travers nous. Tel est bien l'homme apparu à Hildegarde de Bingen dans la deuxième vision du *Livre des œuvres divines.* Il possède de la « puissance », une « énergie de l'âme », une force qui est celle d'un Dieu œuvrant :

> L'homme, dans la structure du monde, est pour ainsi dire en son centre. Il a plus de puissance que les autres créatures qui demeurent cependant dans la même structure. S'il est petit de stature, il est grand par l'énergie de l'âme. La tête levée et les pieds bien calés, il est capable de mouvoir les éléments d'en haut, comme ceux d'en bas. Les œuvres de ses deux mains pénètrent le tout, parce qu'il a, par l'énergie de l'homme intérieur, la possibilité de mettre ce pouvoir en œuvre[2].

Chacun de nous est un homme-croix où Dieu vient se recueillir, nous sommes la croix qui supporte le monde et nous sommes en croix. Ainsi se croisent Dieu et l'homme, et la croix est le signe même de l'esprit de chevalerie.

---

1. Hildegarde de Bingen, *Le livre des œuvres divines*, Albin Michel, Paris, 1982, p. 229.
2. *Ibid.*, p. 148-149.

Voilà pourquoi la croisade qui forme l'arrière-plan de l'écriture de *Perceval ou le roman du Graal* (ou du *Livre des œuvres divines* d'Hildegarde de Bingen) n'est pas un simple phénomène historique. Elle est l'événement métaphysique qui impose la croix comme figure de l'homme et idéal humain que la chevalerie est chargée de défendre et de mener à son terme. On a, me semble-t-il, trop peu mis en évidence le jeu de relations qui lie Chrétien de Troyes, Marie de Champagne, Philippe d'Alsace, le commanditaire probable du roman, et Hildegarde de Bingen. Tous ont la croisade pour horizon, baignent dans l'esprit de chevalerie et se parlent (ou s'écrivent) :

> Tout ce petit monde se connaît donc. [...] C'est surtout un réseau de relations personnelles, avec des protecteurs, des nobles au destin seigneurial et chevaleresque, qui circulent en Europe et surtout en Orient, avec des perspectives sur un monde ainsi élargi, varié, bien différent de la province patronymique[1].

Ainsi Philippe d'Alsace écrit une lettre (datée d'avant 1177) à Hildegarde Bingen pour lui faire part de ses hésitations et lui demander s'il doit partir en Terre sainte, « s'il doit être utile pour [lui qu'il] demeure dans cette terre ou [qu'il] en revienne ». De fait, il débarquera avec une troupe à Acre peu

1. CHRÉTIEN DE TROYES, *Œuvres complètes*, Gallimard, coll. « Pléiade », Paris, 1994, introduction de Daniel Poirion, p. 15.

après. Hildegarde de Bingen lui répond en érigeant la croisade en idéal de la quête chevaleresque :

> Pour moi, je vois en mon âme que l'inquiétude que tu as dans les angoisses de ton âme est semblable à l'aurore qui se lève au matin. Donc, que l'Esprit Saint opère en toi par pure et véritable pénitence et en fasse un soleil ardent pour que tu le recherches, que tu le serves lui seul et que tu vives dans l'Éternité en complète béatitude[1].

Il est impossible de prouver que Philippe d'Alsace, des années plus tard, a évoqué le contenu de cette réponse devant Chrétien de Troyes mais, au vu de la notoriété d'Hildegarde de Bingen qui entretient une correspondance abondante avec les grands personnages de l'époque, j'aime à le penser. Et pourquoi ne pas imaginer que cette réponse n'est pas sans lien avec l'écriture de *Perceval* ?

Faire croix sur soi-même comme Dieu a fait croix sur son Fils, se croiser avec Dieu, être « signe » de croix (Jeanne d'Arc se présentera comme le « signe » attendu par le dauphin), tel est l'Esprit même de la chevalerie, idéal d'élévation humaine et moyen de poursuivre les œuvres divines.

Du jeu de « forces » contraires qui définit son existence, l'homme-croix (incarné par la figure du

1. Cité in Régine Pernoud, *Hildegarde de Bingen*, Le Livre de Poche, Paris, 1996, p. 76.

chevalier) tire précisément sa force : celle d'une genèse, d'une œuvre divine continuée.

« Nous décréons et créons », écrit Simone Weil : la « décréation » rend possible la création car « Dieu a abdiqué en nous donnant l'existence »[1]. Nous sommes croix et mettons en croix le Fils de Dieu tout en faisant croix sur nous-mêmes. Mais faire croix, c'est donner à être, et tout en tirant un trait sur Dieu, lui redonner existence. C'est ce jeu de mort et de résurrection que dit le sacrifice de la Croix et qu'incarne l'esprit de chevalerie. Celui-ci est prise de la croix et départ dans une quête et une croisade intérieures. Nous sommes croix et signe de croix.

Le mystère de la Croix n'a pas seulement un sens théologique, il possède aussi une signification anthropologique générale. Il offre un passage vers l'Ouvert. En d'autres termes, il donne force à notre âme, nous révèle qu'à force de donner de nous-mêmes, de nous lancer dans une quête intérieure qui a forme de croisade, notre âme se fortifie, c'est-à-dire s'ouvre à l'Esprit Saint, au Paraclet.

L'être humain est un val qu'il convient de percer, par le signe de croix, pour s'ouvrir à Dieu et à l'Esprit Saint. Il est un récipient divin, un vase, un calice, un « Graal ». Portant la croix, étant croix, nous devenons ce Graal à la recherche duquel se lance Perceval. Nous

---

1. Simone Weil, *Œuvres complètes. Cahiers (1933-septembre 1941)*, tome VI, volume 4, Gallimard, hors-série « Connaissance », Paris, 1994, p. 347.

sommes le Graal de nous-mêmes. Et voilà bien ce qu'enseigne aussi Hildegarde de Bingen. Dans une lettre à Élisabeth de Schönau, une bénédictine et visionnaire allemande, après s'être définie elle-même comme un « misérable vase d'argile », reprenant la métaphore de la Deuxième épître de saint Paul aux Corinthiens, elle définit le serviteur de Dieu, le chevalier, l'homme comme « vase d'argile[1] » : « Écoute donc à présent : ceux qui désirent accomplir les œuvres de Dieu doivent toujours comprendre qu'ils sont vases d'argile[2]. »

Nous sommes notre propre Graal, toute quête est intérieure et ne mène qu'à découvrir l'au-delà dépaysant de nous-mêmes qui est l'Esprit Saint en nous, ce qui est un autre nom de l'âme. Nous sommes au-delà de ce que nous croyons être, nous ne pouvons, pour éprouver notre humanité, que nous dépasser dans l'invisible et vivre à force d'âme. Demeurer fidèles à l'homme-croix que nous sommes. L'esprit de chevalerie symbolisé par Perceval est, en fait, un profond marqueur, un signe des temps : nous devons partir en quête de notre âme qui, accueillant l'Esprit Saint, est le réceptacle de notre humanité. Ne pouvoir nommer immédiatement le Graal ni demander quel est son contenu, c'est devoir partir en quête. Et découvrir que son contenu, en forme d'âme, recèle

1. « Mais ce trésor, nous le portons comme dans des vases d'argile ; ainsi, on voit bien que cette puissance extraordinaire appartient à Dieu et ne vient pas de nous » (2 Co 4, 7).
2. Régine Pernoud, *Hildegarde de Bingen*, *op. cit.*, p. 84.

l'invisible qui nous fait être en nous dépaysant et en nous élevant. Tel est l'esprit intemporel de chevalerie indissociable de l'Esprit Saint.

La Pentecôte de l'existence

Voilà qui me pousse à faire un nouveau retour à l'enfance qui est la dépositaire de nos mystères, à commencer par celui de la force d'âme. Je me souviens avoir lu, très jeune, de petits albums de bande dessinée (parus aux éditions Mon Journal) racontant les aventures de Lancelot. L'une d'elles me demeure en mémoire et je n'en comprends que maintenant la raison.

Au début de l'un des albums, Lancelot traverse la forêt pour participer au tournoi de la Pentecôte. Le sens m'apparaît aujourd'hui : le chevalier s'accomplit à la Pentecôte, lorsque, comme les apôtres, il s'emplit du Saint-Esprit. C'est à la Pentecôte que, dans *La quête du saint Graal* (1225-1230), le Graal apparaît aux chevaliers de la Table ronde et que ceux-ci jurent de partir à sa recherche. C'est à la Pentecôte que Galaad, adoubé, arrive à la cour du roi Arthur. Le Saint-Esprit, l'« Esprit de vérité », est à la source de l'esprit de chevalerie. « Quand il viendra, lui l'Esprit de vérité, il vous conduira dans la vérité tout entière[1]. »

---

1. Jn 16, 13.

Animés par le vent-Paraclet, nous devons, en effet, célébrer la Pentecôte de l'existence : combattre pour continuer à être nous-mêmes par temps de nihilisme. Il y a un combat, inédit dans l'histoire de l'humanité, à mener. La civilisation occidentale a tenté de mettre fin à Dieu en proclamant sa mort à la suite de Nietzsche et de ses thuriféraires. C'était faire place nette pour ensuite assassiner l'homme, arraché au cosmos, dépecé, broyé, détruit, numérisé, réduit à une marchandise jetable au profit d'un inquiétant post-humain. Déjà, en 1947, Bernanos faisait ce constat qui, depuis, n'a cessé de s'aggraver :

> On a dit parfois de l'homme qu'il était un animal religieux. Le système l'a défini une fois pour toutes un animal économique, non seulement l'esclave mais l'objet, la matière presque inerte, irresponsable, du déterminisme économique[1].

Quelques décennies plus tard, dans le *Discours de Harvard*, en 1978, Alexandre Soljenitsyne dénonçait « le déclin du courage » chez les Occidentaux et l'asservissement à une vision et une politique matérialiste de l'être humain.

Il y a une croisade à mener à force d'âme pour sauvegarder l'humanité, la grandeur et la noblesse de l'homme-croix et lutter contre la barbarie de l'homme-machine numérisé et de l'*homo economicus* marchandisé. Il y a une urgence à refuser la nouvelle

1. Georges BERNANOS, *La France contre les robots*, *op. cit.*, p. 17.

forme de totalitarisme qui envahit notre quotidien et nous prive de la liberté d'aimer et de penser. À refuser « l'empire de la force » proclamé au nom de fausses valeurs et de vrais intérêts. À combattre pour une vision altière, ascensionnelle, spirituelle de l'être humain. Sauf à se perdre dans le déshonneur d'une radicale « étrange défaite ».

À ce seul prix, celui du courage, de l'honneur de soi, de la résistance à la pensée toute faite et défaitiste, par le combat contre l'antisémitisme et contre toutes les discriminations, nous maintiendrons intacts les ferments de notre civilisation occidentale, ébranlée aujourd'hui de toutes parts.

Je m'aperçois, au fil de ces pages et au fil des années, que j'esquisse une boucle de mes réflexions. Il y a une trentaine d'années, je publiais l'un de mes premiers articles dans la revue *Diogène*, alors éditée par Gallimard. Celui-ci avait pour titre « L'aventure d'une négation : littérature et histoire des idées ». J'y défendais l'hypothèse, dans une perspective post-hégélienne, d'un travail de la négation, propre au religieux chrétien, caractérisé par la dissymétrie cruciale et créatrice de l'homme et de Dieu, qui serait à l'œuvre dans l'histoire des idées occidentale. Je comprends mieux désormais que ce travail de la négation prend forme et sens dans le signe de croix. J'écrivais :

> En cela, le religieux comme croix est l'essence de la religion et se réalise dans le désenchantement moderne des choses, ruines du monde et de la

signification, ou crise de la culture, et dans l'avènement de l'homme comme être pour la mort[1].

Je privilégiais la force dynamique de la négation au détriment du signe de la Croix qui est l'Ouvert et laisse filtrer l'éternité dans l'histoire. Je ne comprenais pas que Dieu, dans son retrait, par la croix qu'il fait sur son Fils et sur lui-même, nourrit notre force d'âme en la rendant nécessaire par temps de ténèbres. Le vide confine au plein, l'absence à Dieu, le désespoir et l'abandon à la force d'âme. Le Dieu caché nous oblige à être. La force qu'il insuffle en nous n'est pas tranquille, elle est d'élévation et d'ascension au cœur des orages et des tempêtes.

Je ne posais pas la question de Dieu, je me détournais, je résistais à l'appel du Paraclet et j'ignorais l'esprit de Pentecôte, j'errais et je refusais la caresse de l'Ange. Danielle m'a appris, par-delà sa mort, la force imperceptible d'une caresse qui m'effleure et m'invite.

1. Michel FAUCHEUX, « L'aventure d'une négation : littérature et histoire des idées », *Diogène* n° 153, 1991, p. 124.

7

Jeanne d'Arc, ange de l'histoire et force d'âme

JEANNE d'Arc est une figure à part qui défie l'analyse historique et philosophique. Elle est un être céleste incarné dans l'histoire. Elle témoigne d'une force d'âme qui laisse deviner l'action de Dieu parmi les hommes. Se mettant au service de Dieu, obéissant à l'archange saint Michel, elle se donne pour mission de sauver la France. Elle ne fait pas seulement une croix sur son existence pour mener à bien sa mission jusqu'au sacrifice, telle l'ange de Rilke, elle ménage un passage vers l'Ouvert. Elle est la « chevaleresse[1] » qui ouvre la voie de l'Ange.

Jeanne d'Arc est le « porte-voix » de Dieu jusqu'à être elle-même Parole qui demeure après sa mort et continue à nous apprendre. Comme l'écrit Robert Redeker, « doté d'une âme, l'homme existe dans le monde comme un être auquel Dieu adresse sa parole[2] ». La force d'âme est d'abord force du Verbe.

---

1. Cf. Sophie CASSAGNES-BROUQUET, *Chevaleresses. Une chevalerie au féminin*, Perrin, Paris, 2013.
2. Robert REDEKER, *Les sentinelles d'humanité. Philosophie de l'héroïsme et de la sainteté*, Desclée de Brouwer, Paris, 2019, p. 142

Jeanne d'Arc entend des voix et ses paroles ont force d'écoute jusque dans les siècles à venir. C'est par fidélité à son héritage que Charles de Gaulle (sur proposition du vice-amiral Muselier) adoptera la croix de Lorraine comme symbole de la France libre, donnant à la résistance au nazisme une valeur de croisade contre le mal, trop souvent oubliée ou négligée aujourd'hui.

La force du Verbe

Jeanne d'Arc est ce rare personnage de l'histoire dont les paroles véritables sont parvenues jusqu'à nous, via les registres du procès de Rouen, alors même que l'on ignore son apparence physique. Elle est d'abord une voix et son destin se noue par l'écoute de voix. « [Elle] dit que, dès l'âge de 13 ans, elle eut révélation de notre Seigneur par une voix qui lui enseigna à se gouverner. Et pour la première fois, elle avait eu grand-peur[1] ».

Derrière l'accent lorrain de Jeanne s'entend, dès le début de son aventure, une « parole ailée » : « Qu'on la fixe, qu'on lui coupe les ailes à cette parole ailée, qu'y trouvera-t-on ? Des faits ? Peu. Ce qui y est, c'est justement ce qu'il y a de plus fluide, de moins

1. Georges Duby, *Les procès de Jeanne d'Arc*, Gallimard, coll. « Folio histoire », Paris, 1995, p. 36 (22 février 1431, neuvième séance du procès, deuxième interrogatoire public).

saisissable, un esprit[1]. » Cette parole angélique donne à « voir » l'invisible. « Voir l'invisible, pour un être de chair et de sang, serait donc entendre sa Parole, ici et maintenant, en se tenant debout devant Lui[2]. »

Jeanne d'Arc est l'ange, la messagère (ἄγγελος / *ággelos*), le porte-voix de Dieu. Elle est l'ange qui retranscrit la voix des anges : « Dit outre que ladite voix, après qu'elle l'eut ouïe par trois fois, elle connut que c'était la voix d'un ange[3]. » Dans « l'information posthume » rédigée une semaine après sa mort, selon certains témoignages, Jeanne d'Arc aurait elle-même avoué être « l'ange qui a donné la couronne à son roi ». Dans *La lettre aux Anglais* (22 mai 1429), elle se présente comme la « messagère », « l'envoyée de par Dieu » :

> « Rendez à la Pucelle qui est envoyée de par Dieu, le roi du Ciel, les clefs de toutes les villes que vous avez prises et violées en France. Elle est ici venue de par Dieu pour réclamer le sang royal. Elle est toute prête à faire paix, si vous voulez lui faire raison, par ainsi que vous vouliez vider de France. Et qu'amendiez les dommages qu'y avez faits. Et rendez les deniers qu'avez reçus, de tout le temps que l'avez tenu. Et entre vous, archers, compagnons de guerre, gentilhommes et autres

1. Jules MICHELET, *Cours au collège de France*, tome I, « 29 décembre 1842 », Gallimard, coll. « NRF », Paris, 1995.
2. Catherine CHALIER, *Des anges et des hommes*, Albin Michel, Paris, 2007, p. 22.
3. Georges DUBY, *Les procès de Jeanne d'Arc*, *op. cit.*, p. 36.

qui êtes devant la ville d'Orléans, allez-vous en en votre pays. »[1]

Lors des combats, pour galvaniser les troupes, elle se dit assistée de milliers d'anges, tout en étant elle-même comparée à un ange par certains de ses contemporains. Lorsqu'elle entre à Orléans, les habitants la regardent comme « un ange de Dieu ». Jeanne d'Arc est l'ange parmi les anges, envoyée auprès du roi par l'archange saint Michel qui lui a délivré un message de résistance et de libération de la France. Saint Michel, s'adressant à Jeanne, l'adoube. Il fait d'elle une « chevaleresse ». Au XIIIe siècle, il est devenu, en effet, le modèle de toute chevalerie et le guide de l'Église. Guider, c'est rendre audible le Verbe de Dieu. Tel est son rôle auprès de Jeanne d'Arc qui devient le tabernacle de sa parole.

Jeanne d'Arc porte en elle le destin singulier de l'être humain devenu ange, émissaire divin. Elle transmue la force du message qui lui est adressé par saint Michel, sainte Catherine d'Alexandrie et sainte Marguerite d'Antioche, en force de la parole. Elle convainc ainsi, à chaque fois, ses interlocuteurs. Selon le témoignage de ses contemporains, elle parle beaucoup et « très bien[2] », d'où sa ressemblance avec Catherine d'Alexandrie. Refusant de se taire, elle s'empare de la parole politique réservée aux hommes

1. *Ibid.*, p. 40.
2. Colette BEAUNE, *Jeanne d'Arc*, Perrin, coll. « Tempus », Paris, 2009, p. 376.

à son époque. Elle persuade le dauphin et futur Charles VII de lui confier une armée. Elle exhorte, plaide, argumente, sort du rôle de retrait attribué aux femmes au Moyen Âge. Lors de l'examen de Poitiers, elle répond avec succès aux questions des docteurs de l'Église : « Elle y parla grandement et notablement. Tous étaient émerveillés comment une si simple jeune fille pouvait si bien répondre[1]. » Elle galvanise ses troupes, persuade le Bâtard d'Orléans de la justesse de sa stratégie et libère Orléans. Elle est l'avocate d'elle-même au procès de Rouen. Elle est la voix de ses voix intérieures. Tout entière précipitation, toujours impatiente de pousser plus loin son combat, elle s'efface dans le mouvement d'existence qui l'emporte jusqu'à disparaître dans les flammes du bûcher et ne plus être que cendres. D'elle, il ne reste que des paroles. Être-parole, pur signe, elle est elle-même « le signe » qu'attendait le futur Charles VII pour se dire vrai roi de France : le signe de Dieu envoyé au royaume de France. On sait la valeur que le signe possède au Moyen Âge. Il est annonce, surgissement de l'ordre de l'invisible dans le visible, de l'Esprit dans l'histoire : « Le signe [...], dans la mesure où il annonce, [...] exprime ainsi un ordre du monde autre [...]. Ainsi le signe prend-il toute sa puissance du monde caché, celui des réalités intérieures, le vrai ou mieux, celui pleinement réel[2]. »

1. *Ibid.*, p. 376.
2. Alphonse DUPRONT, *Le mythe de croisade*, tome III, *op. cit.*, p. 1335.

Jeanne d'Arc spiritualise l'existence. Sa parole agit comme le Verbe dans l'histoire. Elle a la force de la poésie. Comme le souligne, dans une émission de télévision, François Cheng, citant un extrait de la déposition lors de son procès, Jeanne d'Arc parle en poème : « Et vint cette voix l'heure de midi, au temps de l'été, dans le jardin de mon père, en un jour de jeûne » (deuxième audience publique du procès de Rouen).

Elle métamorphose l'existence en poème qui éclaircit le langage, en prière qui inspire. Voilà ce qu'avait bien mis en évidence Jules Michelet :

> La jeune fille, à son insu, *créait*, pour ainsi parler, et *réalisait* ses propres idées, elle en faisait des êtres, leur communiquait du trésor de sa vie virginale, une splendide et toute-puissante existence, à faire pâlir les misérables réalités de ce monde. Si *poésie* veut dire *création*, c'est là sans doute la poésie suprême[1].

Jeanne d'Arc est cette figure unique de l'histoire de France en qui s'incarne le Verbe et qui s'identifie à lui. Tout entière prière, elle est le Verbe devenu chair. Force d'âme, Jeanne d'Arc a pu être rapprochée du Christ tant leurs destins semblent similaires. André Suarès remarque justement :

---

1. Jules MICHELET, *Jeanne d'Arc*, Gallimard, coll. « Folio », Paris, 2017, p. 20.

> Le Christ devant Pilate et Jeanne au tribunal de Beauvais ont le même accent : ces paroles, les plus humaines qui ont jamais été dites, et les plus divines pour le cœur humain, s'il en est qu'on puisse comparer entre elles sans blasphème, ce sont celles-là et point d'autres[1].

Par la force de la parole, Jeanne d'Arc fracture l'histoire et ménage la possibilité de l'Ouvert. La force d'âme se mesure aussi à la densité, la vérité, la sincérité, la poésie de la parole. La force d'âme est force de la parole. Voilà qui a pu s'entendre à d'autres moments de l'histoire : le discours du 18 juin 1940 du général de Gaulle au micro de la BBC, ou la parole du pape Jean-Paul II qui, telle une trompette de Jéricho, a contribué à faire s'effondrer l'URSS.

Rétablir Dieu dans son droit

Porte-voix de Dieu, Jeanne d'Arc est une force d'âme devenue prière. Elle ramène l'existence humaine à son essence : la voix, cet écho assourdi du Verbe. Elle est la figure de résistance qui apporte l'espérance. Elle est la sainte qui a réussi : « Il faudrait nous envoyer une sainte… qui réussisse[2]. » De Gaulle ne s'y trompera

1. André Suarès, *Portraits sans modèles*, Grasset, Paris, 1935, cité in Pascal-Raphaël Ambrogi, Mgr Dominique Le Tourneau, *Dictionnaire encyclopédique de Jeanne d'Arc*, Desclée de Brouwer, Paris, 2017, p. 1780.
2. Charles Péguy, *Le mystère de la charité de Jeanne d'Arc*, Gallimard, Paris, 1921.

pas, lui qui, dans le discours de Brazzaville du 10 mai 1941, établit un parallèle entre la France occupée et celle de 1429 et place son action dans le droit fil du souvenir de la libératrice d'Orléans.

Jeanne d'Arc joue un rôle unique dans l'histoire de France. Par-delà son action guerrière, elle rétablit Dieu dans son droit et sa volonté. Elle proclame et prouve aux yeux de tous le rôle historial de la France, choisie par Dieu depuis le baptême de Clovis au ve siècle. En cela, Jeanne d'Arc est bien l'une des « neuf preuses », comme le suggère Sébastien Mamerot dans l'*Histoire des neuf preux et des neuf preuses* (1460). Non seulement elle délivre Orléans et œuvre au sacre du dauphin, mais elle contribue à forger l'âme de la France dont elle devient la figure emblématique. Elle est, comme le souligne Michelet, la France faite femme : « Souvenons-nous, Français, que la Patrie chez nous est née du cœur d'une femme, de sa tendresse et de ses larmes, du sang qu'elle a donné pour nous[1]. » Voilà pourquoi aussi Jeanne d'Arc deviendra pour l'Église une des deux saintes patronnes secondaires de la France en 1922.

Par sa force d'âme, Jeanne d'Arc ouvre la voie de l'Ange dans l'histoire des hommes (comme Perceval nous montrait la possibilité de « percer le val »). Nous savons désormais que l'histoire peut être fracturée par l'invisible et bifurquer alors que tout semble perdu. Jeanne d'Arc est la grande messagère

1. Jules MICHELET, *Jeanne d'Arc*, *op. cit.*, p. 14.

de l'Événement, de l'irruption de l'Ange dans l'histoire qui rétablit l'ordre métaphysique des choses.

Il y a longtemps, jeune étudiant, je me souviens avoir lu avec beaucoup d'intérêt le livre des philosophes Guy Lardreau et Christian Jambet, *L'Ange : ontologie de la révolution*. Tous deux voyaient dans la figure de l'Ange la possibilité de donner à l'idée de révolution une dimension métaphysique qui la préserve de la dérive totalitaire dont le XXe siècle avait donné maints exemples. L'image de cet Ange salvateur qui nous préservait des turpitudes de l'histoire me changeait de la vulgate marxiste des livres de philosophie. Cet Ange déboulant dans l'histoire continue à m'habiter. Vecteur d'éternité, il a peu à voir avec l'ange auquel Walter Benjamin, dans ses *Thèses sur le concept d'histoire*, a donné les traits de l'*Angelus novus* de Paul Klee. Cet ange, emporté par une tempête hors de l'origine, fixant le passé, tournant le dos à l'avenir, vient chuter parmi les ruines du progrès. « Mon Ange » est, au contraire, l'Ange combattant qui nous sauve du malheur du monde. L'Ange imprévu qui fait irruption dans l'histoire et nous sauve, qui fiche un fragment d'éternité dans nos âmes et les fortifie.

Jeanne d'Arc donne une dimension supplémentaire à l'esprit de la chevalerie. Elle le met en prise directe avec Dieu. Elle le fonde et le légitime. Le chevalier devient alors le lieutenant de Dieu sur Terre par qui Dieu peut reprendre ses droits. La parole de Jeanne d'Arc est libératrice. La parole des modernes, celle de la machine, du robot, de ChatGPT, prive, à l'inverse, l'être humain de sa voix et enferme sa parole dans le désespoir du néant.

Rétablissant Dieu dans ses droits, Jeanne d'Arc nous rétablit dans nos propres droits. Ayant force de parole, elle nous invite à la parole. Le droit à la parole des hommes et le droit au Verbe de Dieu sont indissociables.

Détentrice de la force des mots, Jeanne d'Arc suscite à sa suite le poème et la littérature. Au début du *Ditié de Jehanne d'Arc* (1429), composé du vivant de Jeanne, Christine de Pizan prend à son tour la parole, plus directement qu'elle ne l'avait jamais fait dans ses autres écrits : « Je, Christine, qui ay plouré/Unze ans en abbaye close. » Signe, ange et poète, devenue personnage de fiction et œuvre littéraire tout à la fois, Jeanne d'Arc inspire les écrivains, de Christine de Pizan à Michelet, Péguy, Cocteau, Bernanos, Malraux... Inspiratrice, elle nous emporte, comme à travers un battement d'ailes, dans le souffle de ses phrases et ses actions. Elle suscite en nous une force d'âme, celle même que lui ont inspirée ses voix.

Jeanne d'Arc est la grande figure de résistance qui donne force d'âme, est force d'âme. Elle maintient en nous le souvenir immémorial que la France fut choisie par Dieu, rebelle à toute éradication et destruction. Elle est l'éternelle « Pucelle d'Orléans[1] ». Elle est la jeune fille qui sauve. Qui continue à nous sauver.

1. L'expression apparaît pour la première fois en 1555 dans l'ouvrage *Le fort inexpugnable de l'honneur du sexe féminin* de François de Billon.

Annexes

Un Père de l'Église : Ambroise de Milan

J'aime Ambroise de Milan (339-397), l'un des Pères de l'Église, et j'aime l'Italie. Lorsqu'il est élu évêque de Rome, il défend avec force d'âme les droits de l'Église face aux empereurs romains Valentinien Ier, Valentinien II et Théodose le Grand, mais il établit aussi un pont entre le monde oriental de langue grecque et le monde latin. Je dois l'avouer cependant, mon intérêt pour Ambroise de Milan n'est pas simplement le fait de raisons théologiques. Il tient à la légende. Dans *La vie d'Ambroise*, son secrétaire Paulin de Milan raconte qu'un essaim d'abeilles s'abattit sur le visage du futur évêque alors que, bébé, il dormait dans son berceau. Les abeilles étaient si nombreuses qu'elles semblaient entrer et sortir de sa bouche en un incessant va-et-vient. Finissant par s'envoler, elles disparurent, laissant le visage du bébé indemne de toute piqûre. Seul demeurait un peu de miel. Des témoins virent dans ce prodige un don d'éloquence promis à Ambroise de Milan : en hébreu, le nom abeille *debowrah*, דְבוֹרָה, vient de la racine *dbr* qui est aussi utilisée pour former le mot « parole ». Le père d'Ambroise, quant à lui, se dit que son fils était sans doute appelé à un grand destin. Fort de cette légende, saint Ambroise de Milan est depuis devenu le saint protecteur des apiculteurs.

Immanquablement, je fais le lien entre cet épisode légendaire et le film de Claude Lelouch, *La belle histoire*, où le Christ est recouvert d'une nuée d'abeilles. Pour moi, en effet, le Christ est d'abeilles, la parole divine de miel. Telles sont bien les paroles d'Ambroise de Milan, compositeur d'hymnes qui introduisent le chant liturgique en Occident. Mais il y a plus. L'évêque de Milan établit une morale qui a la saveur de la parole de miel divine. Reprenant le catalogue des vertus stoïciennes, dans le traité *Les devoirs* (387-390), il fait de la force la troisième des vertus, après la prudence et la justice, et avant la tempérance. Pas de force ni de courage sans prudence. Le Père de l'Église élabore une éthique de la communion entre les hommes qui repose sur la sagesse de Dieu et a le Christ pour modèle. Ce sens du bien commun est vertu d'abeilles, souci de la ruche :

> La force [...] se distingue dans les activités de la guerre et dans la paix, par la grandeur et l'élévation de l'âme, et qui se signale par la vigueur physique [...], mais nous prenons pour glorieux courage celui aussi de ceux qui, par la foi, avec grandeur d'âme, « bouchèrent la gueule des lions, éteignirent la force du feu, échappèrent au tranchant du glaive, s'affermirent, de faibles qu'ils

étaient, dans le courage », qui ne remportèrent pas, incorporés à une compagnie et à des légions, une victoire commune à un grand nombre, mais, avec la seule valeur de leur âme, un triomphe personnel sur les infidèles. Comme il fut invincible Daniel, lui qui ne s'effraya pas des lions qui rugissaient à ses côtés ! Les bêtes grondaient et lui festoyait. Ce n'est donc pas seulement dans les forces du corps et dans les bras que consiste la gloire du courage, mais plutôt dans la vertu de l'âme ; et ce n'est pas à commettre l'injustice, mais à la repousser que consiste la loi de la vertu[1].

Un théologien du Moyen Âge : Bernard de Clairvaux

La pensée de Bernard de Clairvaux (1090-1153) domine le XIIe siècle, étroitement liée au développement de l'ordre cistercien. Le futur saint prêche la deuxième croisade à la demande du pape Eugène III. Il est un grand pourfendeur de l'hérésie cathare et mes origines toulousaines, mon enfance imprégnée par la mémoire du catharisme, devraient m'avoir éloigné de lui.

Ce que je retiens pourtant de Bernard de Clairvaux, c'est d'abord son opposition à Abélard, au promoteur d'une raison qui, héritière d'Aristote,

1. AMBROISE DE MILAN, *Les devoirs*, tome 1, *op. cit.*, livre I, chap. XXV, « Les quatre vertus cardinales », et chap. XXXV, « Le courage ».

imaginerait tout expliquer et, au contraire, son combat pour préserver le mystère en nous-mêmes. Pas de force d'âme sans âme, justement, sans vie intérieure, sans silence et repli sur soi, sans humilité, sans aventure de la foi qui, dans l'inconnu de chaque homme, au plus profond de lui, dépayse et mène à Dieu.

En 1128, au concile de Troyes, saint Bernard participe, au milieu d'abbés, d'évêques et d'archevêques venus de France et d'Allemagne, à l'élaboration du statut de l'ordre religieux et militaire des Templiers. Après cela, il écrit un *Éloge de la nouvelle chevalerie* (1136) qui, s'il est une apologie de l'ordre nouveau des chevaliers du Temple, est le bréviaire de l'esprit de chevalerie. Saint Bernard définit le sens d'une chevalerie qui prend sa source dans le christianisme. La force du chevalier vient de sa foi, elle est en Christ. Il n'y a de force qui mène à l'invincibilité que dans une foi éprouvée. Et cette force, cette invincibilité, n'est pas physique, elle est au regard de Dieu.

La force d'âme est principe moral. La victoire se mesure au regard de sa justesse. Il ne s'agit pas, grâce à la nouvelle chevalerie, de remporter une victoire, mais de vaincre pour une juste cause.

> Ce n'est point par les résultats mais par les sentiments du cœur qu'un chrétien juge du péril qu'il a couru dans une guerre ou de la victoire qu'il y a remportée, car si la cause qu'il défend est bonne, l'issue de la guerre, quelle qu'elle soit, ne saurait être mauvaise, de même que, en fin de compte, la victoire

> ne saurait être bonne quand la cause de la guerre ne l'est point et que l'intention de ceux qui la font n'est pas droite. […] Or, il n'est pas bon d'être homicide: qu'on soit vainqueur ou vaincu, mort ou vif, c'est toujours une triste victoire que celle où on ne triomphe de son semblable qu'en étant vaincu par le péché, et c'est en vain qu'on se glorifie de la victoire qu'on a remportée sur un ennemi, si on en a laissé remporter une aussi sur soi à la colère ou à l'orgueil[1].

Le chevalier devient serviteur de Dieu, l'état de moine et de chevalier ne sont pas incompatibles. Ou plutôt, pas de chevalerie sans une spiritualité qui la fonde. Comme le remarque Zoé Oldenbourg, si l'idéal du moine soldat est plutôt d'inspiration germanique ou musulmane, saint Bernard « lui a apporté la caution et son éloquence et l'a institutionalisé[2] ». Le futur saint de l'Église fonde l'esprit de chevalerie qui, inséparable de la force d'âme, continue, d'une manière différente de celle du XIIe siècle, d'imprégner notre culture.

Une théologienne contemporaine: Edith Stein

Née à Breslau dans une famille de négociants juifs, Edith Stein (1891-1942), déjà évoquée dans ce livre,

1. Bernard de Clairvaux, *Éloge de la nouvelle chevalerie*, *op. cit.*, p. 312.
2. Zoé Oldenbourg, *Saint Bernard*, Marabout, Verviers, 1982, p. 57.

universitaire brillante, sert comme infirmière pendant la Première Guerre mondiale. Elle soutient sa thèse de doctorat « Sur le problème de l'empathie » en 1917 et devient ensuite l'assistante d'Edmund Husserl, le fondateur de la phénoménologie. La lecture d'Ignace de Loyola, de Kierkegaard et de saint Augustin, la vision d'une femme venant faire, entre deux courses, une prière à la cathédrale de Francfort-sur-le-Main dans une familiarité avec Dieu, le courage dont fait preuve son amie Anne Reinach, épaulée par sa foi en Jésus, pour surmonter la mort de son mari tué au front, l'initient au sacrifice de la Croix. C'est cependant à la suite d'une longue évolution spirituelle que la lecture de *Vie écrite par elle-même* de Thérèse d'Ávila, durant un séjour à Bergzaben, entre le 27 mai et le 3 août 1921, la détermine à devenir carmélite. « Je pris un livre au hasard dans la bibliothèque, il portait ce titre : "Thérèse d'Ávila, *Vie écrite par elle-même*", je commençai à le lire, aussitôt je fus captivée et ne pus m'arrêter avant de l'avoir achevé. Quand je fermai le livre, je me dis : c'est la vérité[1]. »

Parce que juive, elle est déportée puis assassinée avec sa sœur Rosa au camp d'extermination d'Auschwitz, le 9 août 1942. Son dernier livre *Science de la Croix* propose à la fois une étude de la vie et la mystique de Jean de la Croix mais aussi une méditation personnelle. Le mystère de la Croix est le cœur même de la

1. Edith Stein, citée in Élisabeth DE MIRIBEL, *Comme l'or purifié par le feu. Edith Stein, 1891-1942*, *op. cit.*, p. 60-61.

réflexion théologique d'Edith Stein. La Croix est « la porte étroite » qui mène au mystère et éclaire la force d'âme :

> La Croix est, en effet, la porte qui ouvre accès aux richesses de la sagesse divine et elle est étroite. Elle mène aux « profondes cavernes rocheuses », c'est-à-dire aux « mystères sublimes, profonds et insondables de la sagesse divine, cachés dans la personne du Christ en vertu de l'union hypostatique [...] de la nature humaine avec le Verbe de Dieu ou de l'union qui en découle de l'humanité avec Dieu[1].

Victime de la Shoah, elle revit à sa façon le sacrifice de la Croix. Béatifiée par Jean-Paul II le 1er mai 1987, elle est canonisée par celui-ci le 11 octobre 1998.

Mon livre, je m'en aperçois, est profondément imprégné par la lecture de *Science de la Croix.* La Croix est l'Ouvert.

Une œuvre d'art : *Mort d'un jeune croisé*[2] de Gustave Moreau (1826-1898)

Le jeune homme – mais n'est-ce pas plutôt un adolescent ou un enfant ? – est couché au pied d'un

1. Edith Stein, *Science de la Croix*, *op. cit.*, p. 409.
2. La reproduction de ce tableau figure sur le rabat de la quatrième de couverture du présent ouvrage.

arbre ou d'un pilier. Il est largement dévêtu, presque nu. Le lieu est indéfini, brouillé par une grisaille qui tire vers le jaune, ni pleinement réel, ni pleinement imaginaire. Au loin, une ruine, une masure. Le paysage est absorbé par l'indistinction.

Le jeune homme serre étroitement contre sa poitrine largement découverte une épée qui ne fait plus qu'un avec lui. Elle est sa croix. Il a les yeux fermés. Il rêve, il dort. Il est vivant et mort. Il est un gisant mais un gisant vivant. Les mots manquent pour définir son état. Règne le flou, cerné d'ombre.

Seule l'épée nous donne une indication. Le jeune homme est un chevalier. Il repose après le combat. Il est apaisé. Il a combattu pour une juste cause. Il est serein, plongé dans le sommeil ou la mort. Il est allé au bout de lui-même, il s'est grandi à force d'âme. Il est le *puer aeternus*, l'enfant divin qui meurt au combat mais ressuscite après son sacrifice. Il est une croix figurée sur la toile. Il est l'enfant-croix.

Le tableau de Gustave Moreau peint après la défaite française de 1871 nous indique qu'il s'agit d'un « jeune croisé mort ». Mais je sais qu'il n'est mort qu'en apparence. Il est tout près de ressusciter car, en se croisant, en faisant croix sur soi-même, il doit ressusciter en Dieu. Ce paysage indistinct qui sert de décor est peut-être celui des limbes où se mêlent la naissance et la mort. J'utilise le mot « limbes » volontairement parce que ce terme, à l'image du tableau, est lui-même flou, de l'aveu même de l'Église. Le substantif apparaît à la fin du XIIe siècle. Il est contemporain du *Perceval* de Chrétien de Troyes qui possède cette même qualité littéraire de flou. Dans le roman, la terre est gaste, le château indistinct, le Graal mystérieux, le texte inachevé. Chrétien de Troyes nous convie à pénétrer dans « l'autre monde » figuré par des limbes qui dépaysent.

La peinture de Gustave Moreau est qualifiée par la critique de symboliste : elle vise à montrer sur la toile l'indistinction, la sensation de flou que provoque la percée de l'invisible dans le visible – l'irruption de l'Ouvert. « Croyez-vous en Dieu ? Je ne crois ni à ce que je touche, ni à ce que je vois. Je ne crois qu'à ce que je ne vois pas et uniquement à ce que je sens[1]. »

Voilà qui donne un prolongement supplémentaire à ma réflexion. L'esprit de chevalerie qui exige force d'âme, s'il nous conduit à nous croiser non pas pour Dieu mais avec Dieu, fait de nous des enfants divins. Il nous rajeunit dans l'éternité. Il nous propulse dans les limbes avant que nous ressuscitions en Dieu. Alors, le val ombreux devient notre berceau avant que le Graal, le réceptacle divin, ne soit notre condition.

Je comprends désormais pourquoi j'aime les personnages de l'ombre, ces héros qui, une fois la tâche accomplie, refusent d'être connus, dont les traits sont effacés par l'ombre des forêts, la discrétion de

1. Cité in COLLECTIF, *Gustave Moreau. Le Moyen Âge retrouvé*, Éditions El Viso, Madrid, 2023, p. 90.

la conduite. Ils sont les membres d'une chevalerie qui détient le pouvoir de poésie. Car la force d'âme, en faisant naître en nous l'enfant divin, est pouvoir de poésie. Elle révèle le monde à lui-même et nous révèle à nous-mêmes. Elle nous fait vivre dans notre chair le mystère de l'Incarnation.

La croix devient arbre du paradis ; l'esprit de chevalerie, fleurissement du monde ; la littérature et la peinture, clarté des âmes. Alors se célèbre la Pentecôte de l'existence.

Remerciements

Tous mes remerciements vont à François-Xavier, mon éditeur, qui m'a permis de recentrer mon projet initial sur la « force d'âme ». Grâce à lui, j'ai retrouvé ce précieux compagnonnage entre auteur et éditeur qui permet à un livre d'exister.

Merci à Danielle qui continue à m'accompagner, là où elle est : elle m'a dit, au dernier jour, qu'elle serait toujours avec moi.

Merci à Francesca, « la survenue », devenue amie des étoiles et des exoplanètes, pour qui la vie est altitude.

Merci à Pierre et David, ces « enfants de l'été » qui m'ont donné la force d'avancer.

Table

Achevé d'imprimer en août 2024
sur les presses de
La Manufacture - Imprimeur – 52200 Langres
Tél. : (33) 325 845 892
N° imprimeur 240625 – Dépôt légal : août 2024
Imprimé en France

CET OUVRAGE A ÉTÉ COMPOSÉ
EN ADOBE GARAMOND PRO, CORPS
13 PAR ATLANT'COMMUNICATION
AU BERNARD (VENDÉE).